왜
함무라비 법전을
만들었을까?

02
역사공화국
세계사법정

교과서 속 역사 이야기, 법정에 서다

함무라비 vs 무르실리스

왜 함무라비 법전을 만들었을까?

글 한상수 · 그림 박종호

㈜자음과모음

인제대학교 법학과에서 법철학을 가르치고 있는 한상수 교수가 이번에 청소년을 대상으로 『왜 함무라비 법전을 만들었을까?』라는 책을 내게 된 것을 진심으로 축하합니다. 한상수 교수는 이미 2008년에 인제대학교 출판부에서 『함무라비 법전: 인류 법 문화의 원형』이라는 학술서를 발간하여 함무라비 법전에 관한 전문적인 연구자로서의 뛰어난 역량을 보여 준 바 있습니다.

이번에 발간되는 책에서 저자는 함무라비 법전에 대한 전문적인 지식을 바탕으로 그에 관련된 유익한 내용들을 우리나라 청소년들의 눈높이에 맞춰 전해 주고 있습니다. 함무라비 법전이 만들어진 시기와 발굴된 배경, 법전의 제정 목적과 그 구체적인 내용까지 함무라비 법전에 관한 다양한 이야기들을 재미있게 들려줍니다. 함무라비 법전이 만들어진 당시의 메소포타미아 사회 모습을 반영한 법전의 여러 조항의 의미를 살펴보다 보면 외우기에 바빴던 역사 교과서의 내용을 쉽게 이해할 수 있고, 교과서와 관점이 다른 의견을 읽으면서 비판적 사고력을 키울 수 있으리라 생각합니다.

역사 속 승자와 패자가 모여 재판을 벌이는 '역사공화국'. 과연 역사 속의 승자가 이곳에서도 승자가 될 수 있을까요? 또 역사 속의 패자는 영원한 패자일까요? 독자 여러분은 교과서 안팎의 입장, 승자와 패자의 입장을 균형 있게 지켜보면서 스스로 재판관이 되어 역사 속의 사건과 인물들을 각자의 시각에서 평가하는 기회를 갖게 될 것입니다. 이 책을 통해 독자 여러분이 열린 마음으로 역사를 바라보게 되고, 또 다양한 관점에서 역사의 진실을 찾는 안목을 갖게 되기를 바랍니다.

다시 한 번 이 책의 발간을 진심으로 축하하며, 이 책이 독자 여러분에게 넓은 세계로 나아가는 데 좋은 길잡이가 되기를 바랍니다.

인제대학교 총장

이경호

누구나 쉽게 이야기하면서도 그 내용을 잘 모르고 있는 것들이 더러 있습니다. 함무라비 법전도 그 가운데 하나가 아닐까 생각합니다. 흔히들 함무라비 법전이 인류 최초의 법전이라고 말합니다. 과연 그럴까요? 또 우리는 종종 지엽적인 것을 가지고 전체를 판단하기도 합니다. 나무만 보고 숲을 보지 못한다고 말할 수 있지요. 이럴 경우 우리는 사물의 전체적인 모습을 잘못 판단하게 됩니다. 함무라비 법전에 '눈에는 눈, 이에는 이'라는 복수의 원리가 포함되어 있는 것만 보고 함무라비 법전을 야만적인 법이라고 판단해도 될까요?

사실 함무라비 법전은 인류 최초의 법전은 아닙니다. 함무라비 법전 이전에도 여러 법전이 제정되었다는 사실이 고고학적 발굴을 통해 밝혀졌기 때문입니다. 20세기 초에 함무라비 법전을 새긴 돌기둥이 발굴되었을 때, 학자들은 법전이 거의 원형 그대로 보존되어 있다는 사실을 알고 흥분을 감추지 못했습니다. 이전에는 그렇게 완전하게 보존된 법전이 발굴된 적이 없었으니까요. 그렇다면 함무라비 법전은 인류 최초의 법전은 아니지만 전체적인 내용을 알 수 있는 고대 초기의 대표적인 법전이라고 해야 옳겠지요.

함무라비 법전은 과연 야만적인 법전일까요? 여러분은 이 책을 통해서 함무라비 법전에 어떤 내용들이 담겨져 있는지, 또 그 내용들을 어떻게 평가해야 할 것인지 각자 나름대로의 안목을 갖게 될 것입니다. 제 동료 교수인 저자가 늘 강조하는 바와 같이, 함무라비 법전은 인류 법문화의 소중한 유산입니다. 저는 이 책이 여러분에게 소중한 문화유산을 재미있게 답사할 수 있는 유익한 길잡이가 될 것이라고 확신합니다.

인제대학교 법학과 교수
성정엽

어떤 사람이 다른 사람에게 복수하고 싶을 때 '눈에는 눈, 이에는 이'라고 말하는 것을 들어 본 적이 있나요? 더러 자신의 지식을 뽐내고 싶은 마음에 이 말이 인류 최초의 법전인 함무라비 법전에서 나온 것이라고 덧붙이기도 하지요. '눈에는 눈, 이에는 이'라는 말을 들으면 무자비한 복수를 떠올리게 될 것입니다. 어쩌면 함무라비 법전이 무시무시하고 야만적이라는 느낌을 받게 될지도 모르지요. 한쪽 뺨을 때리면 다른 쪽 뺨까지 내밀라고 하는 성경의 말씀과 비교해 보면 더욱 그렇겠지요? 여기서 우리는 몇 가지 의문을 갖게 됩니다.

- '눈에는 눈, 이에는 이'라는 말은 도대체 어디서 나온 것일까?
- 함무라비 법전에서 나왔다고 하는데, 함무라비 법전은 정말 인류

최초의 법전일까?

- 함무라비 법전에는 이 말이 어떻게 표현되어 있을까? 이 말이 뜻하는 것은 무엇일까?
- 이 말은 우리가 생각하는 대로 무자비한 복수를 의미하는 것일까? 그렇다면 이 말이 실려 있는 함무라비 법전은 과연 야만적인 법전인가?
- 함무라비 법전에는 훌륭한 내용이 담긴 규정이라곤 없는 것일까?

이런 의문들을 풀기 위해서 우리는 함무라비 법전을 찬찬히 살펴보아야 합니다.

함무라비 법전이라는 이름은 대부분 들어 보았을 것입니다. 그러나 그 내용을 제대로 알고 있는 사람은 거의 없어요. 그렇다 보니 너무나 쉽게 '눈에는 눈, 이에는 이'라는 복수 원칙만을 담은 야만적인 법전이라고 단정해 버리곤 하지요. 그러나 이것은 무지에서 비롯된 심각한 역사 왜곡입니다.

많은 사람이 함무라비 법전을 이야기하는 것은 함무라비 법전이 인류 최초의 법전—사실 함무라비 법전 이전에 제정된 다른 법전들이 있기 때문에 이렇게 말하는 것은 잘못입니다—이기 때문만은 아닙니다. 고대의 다른 어떤 법전보다 훌륭한 내용을 많이 담은 뛰어난 법전이기 때문이지요.

우리가 알고 있는 '눈에는 눈, 이에는 이'라는 말은 함무라비 법전의 내용 가운데 일부분일 뿐입니다. 그리고 이 말도 깊이 파고들어가 보면 잔인한 복수만을 뜻하는 것이 아님을 알 수 있지요.

저는 함무라비 법전을 전문적으로 연구한 법학자로서 지금부터 여러분을 함무라비 법전의 세계로 안내하고자 합니다. 여러분이 조금 어려워할지도 모르겠습니다. 그러나 원래 여행은 조금 힘들어야 오랫동안 추억으로 남는 법이지요. 그렇다고 너무 두려워하지는 마세요. 되도록 쉬운 길로 여러분을 안내할 테니 말입니다. 이 여행에서 여러분이 많은 것들을 배우고 생각할 수 있기를 바랍니다. 이 여행이 끝난 뒤 여러분 머릿속에 새로운 역사의 세계가 펼쳐진다면 그것은 제게 큰 기쁨이 될 것입니다.

한상수

차례

티그리스 강과 유프라테스 강 사이의 메소포타미아 지방은 기원전 18세기 무렵 바빌로니아 왕국의 함무라비 왕 때 처음으로 통일이 되었다. 이때 만들어진 함무라비 법전은 서아시아의 법률에 큰 영향을 미쳤다.

기원전 1792년에 왕위에 오른 함무라비 왕은 여러 도시 국가를 정복하여 분열된 바빌로니아를 통일하였으며 대운하를 만들어 농업과 상업을 발전시켰다. 함무라비 법전에는 '정의를 빛내고 강자가 약자를 억압하지 않게 하며 악한 자를 멸망시키기 위하여'라고 적혀 있다.

메소포타미아의 새로운 패권자가 된 바빌로니아 왕국의 함무라비 왕은 기원전 18세기에 메소포타미아 전역을 통일하고 중앙 집권적인 정치 제도를 만들었다. 바빌로니아의 수도 바빌론은 오리엔트의 중심 도시로 번영하였고, 함무라비 왕은 이전의 법전을 집대성하여 함무라비 법전을 제정하였다.

고등학교　　세계사

Ⅱ. 도시 문명의 성립과 지역 문화의 형성
　1. 인류의 선사 시대와 오리엔트 세계의 발전

함무라비 법전은 '눈에는 눈, 이에는 이'로 잘 알려져 있다. 원기둥꼴 현무암에 모두 282개의 조문이 설형 문자로 기록되어 있다. 제1조는 "남을 사형에 처해야 한다고 고발한 자가 이를 입증하지 못할 때 고발인을 사형에 처한다", 제195조는 "평민의 눈을 뺀 자는 그 눈을 뺀다" 제205조는 "노예가 평민의 뺨을 때리면 그의 귀를 자른다"라고 되어 있다.

기원전

3000년경 메소포타미아 문명과 이집트 문명 시작

2500년경 중국 문명과 인더스 문명 시작
수메르 인, 설형 문자 사용

1750년경 바빌로니아, 함무라비 법전 편찬

1200년경 트로이 전쟁 발발
페니키아 문명 등장

1100년경 중국, 주 왕조 성립

900년경 리쿠르고스, 스파르타 개혁

850년경 그리스, 폴리스 형성

776년 그리스, 올림픽 경기 개최

753년 로물루스, 로마 건국

670년 아시리아, 오리엔트 통일

563년 석가모니 탄생

551년 공자 탄생

538년 신바빌로니아 멸망

508년 로마, 공화정 실시

500년 클레이스테네스, 도편 추방제 실시

기원전

5000년경 서울 암사동 유적 형성

4000년경 웅기 굴포리·서포항 유적 형성

3500년경 중기 신석기 문화 형성

2333년경 단군, 고조선 건국

2000년경 후기 신석기 문화 형성

1122년 기자, 고조선에 들어와
범금팔조 제정

1000년경 청동기 문화 시작

800년경 고조선, 수도를 왕검성에 정함

300년경 철기 문화 시작
연, 고조선 침입

200년경 삼한 시대 시작

195년 위만, 고조선에 망명

194년 위만 왕조 성립

109년 한 무제, 고조선 침략

108년 고조선 멸망, 한4군 설치

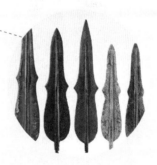

함무라비(기원전 1810년~기원전 1750년,
재위: 기원전 1792년~기원전 1750년)

나는 고대 메소포타미아 중부 지역에 등장한 바빌
로니아 제1왕조의 6대 왕으로, 기원전 1792년부터
기원전 1750년까지 42년간 나라를 다스리면서 함
무라비 법전을 만들었소. 이 법전은 상해죄와 관련
해 '눈에는 눈, 이에는 이'라는 탈리오 법칙을 규정
하고 있다오.

신안목

새내기 변호사 신안목이올시다. 비록 경험은 많지 않
지만 역사에 대한 해박한 지식을 가지고 있지요. 잘
못된 역사를 바로잡기 위해 노력하는 미래의 명변호
사랍니다!

원고 측 증인 드 모르강

봉주르! 나는 프랑스의 탐험가, 드 모르강이오. 고대 엘람 왕국의 수도였던 수사에서 함무라비 법전을 새긴 돌기둥을 발굴하고 그것을 프랑스로 가져갔지요.

원고 측 증인 발레리우스

로마 공화정 시대 집정관이었던 발레리우스라오. 왕이 다스리는 군주제가 아닌 공화제에서 왕 대신 나라를 다스리던 관직 중 하나가 집정관이라는 건 알지요? 난 기원전 451년부터 기원전 449년까지 고대 로마 최초의 성문법인 12표법을 만드는 데 주도적으로 참여했어요.

판사 정역사

나는 역사공화국 세계사법정에서 공정하기로 소문난 판사, 정역사입니다. 변호사들에게 엄하게 대할 때도 있지만, 역사에 대한 호기심과 공정한 판결이란 점에서 나만큼 노력하는 사람은 달리 없을 거요.

피고 무르실리스

(기원전 16세기, 재위: 기원전 1540년~기원전 1530년)

나는 고대 아나톨리아 지역에 등장한 히타이트 고왕국의 왕으로 기원전 1540년부터 기원전 1530년까지 나라를 다스렸소. 함무라비 왕이 지배했던 바빌론을 함락시키면서 히타이트의 영토를 메소포타미아 지역까지 넓히기도 했지요. 내가 만든 히타이트 법전은 탈리오 형 대신 벌금형을 규정하고 있다오.

피고 측 변호사 고수해

두뇌 명석하기로 이름난 역사공화국의 변호사 고수해입니다. 기존의 역사적 평가는 다 이유가 있다는 확신을 가지고 있으며, 역사적 진실은 쉽게 변하는 것이 아니라고 생각하지요.

피고 측 증인 **명발굴(가상 인물)**

나는 고대 메소포타미아 지역의 유적을 발굴하고 해
독해 함무라비 법전과 관련된 새로운 사실들을 많이
밝혀낸 유명한 고고학자라오.

기자 **다알지**

시청자 여러분, 안녕하세요? 역사공화국 법정 뉴스의
기자 다알지입니다. 법정에서 어떤 이야기가 오갔는
지, 어떤 일들이 일어났는지 놓치지 않고 전해 드리
는 것이 내 임무이지요.

"'눈에는 눈, 이에는 이'라는 무시무시한 복수의 법칙이 함무라비 법전에서 나온 것 맞지요?"

여기는 역사 속 영혼들의 나라인 역사공화국.

창문 밖으로 세계사법정이 보이는 사무실에 앉아 공상에 빠져 있는 한 남자가 있었으니……

"나는 실력파 변호사, 신안목! 뭐 내 입으로 직접 실력파라고 말하긴 조금 쑥스럽지만, 거짓말은 못하는 성미거든. 물론 여기저기 참견하고 딴죽을 걸고 다니는 내 별난 성미 때문에 더러 시비가 붙기도 하지만, 어쨌든 젊은 나이에 이렇게 아담한 나만의 사무실을 가진 변호사는 흔치 않지!"

혼자 잘난 척하며 흐뭇한 미소를 짓는 신안목 변호사의 귀에 갑자기 시끄러운 소리가 들려온다.

'삐걱삐걱…… 쾅쾅쾅!'

'이 늦은 시간에 내 멋진 사무실의 문을 두드리며 몽상을 방해하는 인간은 도대체 누구야? 저러다가 문이라도 부서지면 어쩌려고…….'

투덜대며 자리에서 일어난 신안목 변호사가 문 밖을 향해 큰 목소리로 외친다.

"누구신지 모르지만 그렇게 세게 두드리시면 안 돼요! 열어 드릴 테니 잠깐만……."

'쾅쾅쾅! 콰앙!'

'으악! 문, 문이…… 진짜 부서져 버렸네! 내 아늑한 사무실 문을 부수고 들어온 이 남자는 대체 누구지?'

"이거 미안합니다. 들어오는 입구부터 허름하더니 문조차 부실하네요. 어휴, 이 먼지……. 뭐, 이미 오래된 건물이라 성한 곳이 없는 것 같지만, 일단 내가 두드려서 이렇게 되었으니 수리 비용은 드리지요."

"수리비는 당연히 주셔야 하고요! 대체 누구세요? 무슨 일 때문에 문까지 부수면서 급하게 나, 신안목 변호사를 찾아오신 겁니까?"

"허어, 나를 못 알아보시는군요. 하긴 내가 살던 때는 사진도 없었고 나를 그린 그림조차 남아 있질 않으니 그럴 만도 합니다. 나는 고대 바빌로니아 왕국의 유명한 왕, 함무라비라고 하오."

"네? 함무라비 왕이라면 함무라비 법전을 만든 그분인가요? '눈에는 눈, 이에는 이'라는 무시무시한 복수의 법칙이 거기서 나온 것 맞지요? 설마 내 이를 부러뜨리려고 이렇게 찾아오신 건 아니겠지요?"

"무시무시하다니! 내가 만든 법전이 얼마나 합리적이고 타당한

법전인데······. 쯧쯧. 내가 이래서 재판을 하려는 겁니다. 사람들은
함무라비 법전이라고 하면 무조건 복수를 인정하는 야만적인 법전
으로만 알고 있어요. 그런 잘못된 인식을 퍼뜨린 무르실리스라는 자
때문에 정신적 피해가 이만저만이 아니오. 사람들이 나만 보면 눈 뽑
아 가고 이 부러뜨릴까 봐 뒷걸음질부터 치니, 이렇게 억울한 일이
어디 있겠소? 그래서 나는 함무라비 법전에 관한 진실을 밝히려고
하오. 당신을 찾아온 이유도 바로 소송을 의뢰하기 위해서이지요.”

입을 막고 슬슬 뒷걸음질 치던 신안목 변호사가 소송이라는 말에
눈을 반짝이며 한 걸음 앞으로 나섰다.

“그렇다면 지금까지 함무라비 법전에 대해 사람들이 오해하도록

왜 함무라비 법전을 만들었을까?

부추긴 무르실리스를 상대로 소송하시겠다는 말씀? 바로 저, 신안목 변호사를 통해서!"

허름한 사무실을 두리번거리며 망설이던 함무라비가 눈을 반짝이는 신안목 변호사에게 결심한 듯 말한다.

"그, 그렇소. 소문을 듣자 하니 당신은 학창 시절부터 역사 속 여러 사건과 관련해 잘못된 상식에 딴죽 거는 게 취미였다더군요. 경험이 많지 않은 새내기 변호사이긴 하지만 역사를 바로잡는 데 대단한 열정이 있다니 내 한번 믿고 사건을 맡기려고 합니다."

"네, 잘 생각하셨습니다! 잘못된 역사를 바로잡고 억울한 사람들의 한을 풀어 주는 것이 바로 저, 신안목 변호사의 사명이지요. 함무라비 씨, 이 사건을 정식으로 맡겠습니다!"

메소포타미아 문명에서 꽃핀
바빌로니아

인류의 대표적인 4대 문명으로 인도의 인더스 문명, 중국의 황허 문명, 메소포타미아 문명, 이집트 문명을 손꼽습니다. 예전부터 큰 강 유역은 토지가 비옥하고 교통이 편리해 문명이 발달하였는데, 이 중 메소포타미아 문명은 티그리스 강과 유프라테스 강 사이 초승달 모양의 비옥한 평야에서 발생하였지요.

메소포타미아 지방에서는 여러 민족이 뒤섞여 오랫동안 전쟁이 계속되고 있었어요. 이곳의 바빌로니아의 왕 함무라비는 강력한 중앙 집권적인 나라를 만들기 위해 애를 썼답니다. 그래서 수메르 인의 법전을 토대로 법전을 만들었어요. 법을 세워 나라의 평화를 유지하고 질서를 바로잡을 수 있을 것이라고 생각했기 때문이지요. 이렇게 만들어진 법이 바로 '함무라비 법전'이에요.

법전이 있었기에 함부로 나쁜 짓을 할 수 없었고, 지은 죄에 따라 처벌을 받게 되었지요. 함무라비의 법은 신분에 따라 처벌이 조금씩 다르기는 했지만 기본적으로는 누구에게나 똑같이 적용되었어요. 이렇게 법전을 바로 세워 나라의 기강을 잡은 함무라비 왕은 문화의 발전을 위해 예술과 학문을 권장하기도 하였어요. 그래서 바빌로니아의 수도인 바빌론에는 아름다운 건축물이 세워졌지요. 특히 바빌론에는 멀리서 보면 마치 공중에 떠 있는 것처럼 보이는 공중 정원이 있었다고 해요.

뿐만 아니라 함무라비 왕은 백성들의 생활을 더욱 편리하게 만들기 위해 운하를 만들기도 했어요. 운하는 선박의 이동이나 농사를 위해 인공적으로 만든 물길이에요. 운하 덕분에 교통이 편해지고 운반도 쉬워졌답니다.

바빌로니아의 수도인 바빌론에 있었다고 전해지는 공중 정원

원고	함무라비	대리인	신안목 변호사
피고	무르실리스	대리인	고수해 변호사

청구 내용

　원고 함무라비는 기원전 18세기 중반에 고대 사회의 훌륭한 법전 가운데 하나인 함무라비 법전을 제정한 사람으로, 피고 무르실리스가 함무라비 법전에 대해 유포한 역사적 평가가 객관적인 사실에 근거하지 않은 잘못된 평가이기에 이를 바로잡고자 합니다.

　지금까지 함무라비 법전은 '눈에는 눈, 이에는 이'라는 이른바 탈리오(피해자가 받은 피해 정도와 동일하게 가해자에게 보복함) 형을 규정한 야만적인 법전으로 여겨졌습니다. 이러한 인식은 함무라비 법전의 내용을 체계적으로 검토하지 않은 채 일부 내용만을 부각시켜 함무라비 법전의 전반적인 성격을 왜곡한 데서 비롯된 것입니다. 또한 함무라비 법전보다 약 250년 후에 피고 무르실리스가 히타이트 법전을 만든 뒤 자신이 만든 법전이 더 좋다고 선전하기 위해 함무라비 법전을 깎아내림으로써 함무라비 법전에 대한 잘못된 인식이 자리 잡게 되었습니다. 함무라비 법전에 대한 피고의 왜곡과 비방은 오늘날까지도 함무라비 법전에 대한 일반적인 인식으로 통용되고 있습니다. 따라서 함무라비 법전에 관한 평가를 바로잡아 올바른 역사 인식을 가질 수 있도록 함무라비 법전이 만들어진 시기, 법전을 만든 목적, '눈에는 눈, 이에는 이'라는 탈리오 법칙의 내용과 의미, 그리고 함무라비 법전의 구체적인 내용 등에 관한 진실을 확인해 주실 것을 청구합니다.

입증 자료

- 중학교 역사 교과서
- 고등학교 세계사 교과서
  그 외 자료 추후 제출하겠음.

위 청구인 함무라비

역사공화국 세계사법정 귀중

함무라비 법전은
인류 최초의 법전일까?

1. 함무라비 법전은 언제 만들어졌을까?
2. 함무라비 법전은 인류 최초의 법전일까?
3. 함무라비 법전은 어떻게 알려지게 되었을까?

1 함무라비 법전은
언제 만들어졌을까?

    여기는 시간과 공간을 초월하여 역사적인 진실을 추구하는 역사 공화국 세계사법정. 역사적 사건에 대한 오해가 진실로 둔갑하는 현실을 비판하면서 올바른 관점에서 역사 보기를 추구하는 공간이다.

    법정의 정면 한가운데는 판사석이 덩그러니 비어 있고, 그 앞에 놓인 서기석에는 재판 과정을 기록하는 서기가 앉아 있다. 판사석을 앞에 두고 원고 측 의자에는 함무라비 법전에 관한 오해와 왜곡된 해석을 바로잡아 줄 것을 요구하는 함무라비가 변호사와 함께 근엄한 표정으로 앉아 있다. 피고 측 의자에는 무르실리스가 앉아 냉소적으로 판사석을 바라보고 있다. 법정 앞쪽 출입구에서는 사뭇 진지한 표정의 법정 경위가 법정을 둘러본다. 무르실리스가 실눈을 뜨고 비꼬는 투로 함무라비에게 말을 걸었다.

무르실리스　　야만적인 법전을 만든 주제에 반성이나 하지, 소송은 웬 소송이오? 생각해 보슈. '눈에는 눈, 이에는 이'라니, 그게 어디 사람이 할 짓이오? 죄는 미워하되 사람은 미워하지 말라는 말도 못 들었소?

　팔짱을 끼고 있던 함무라비가 화난 표정으로 대꾸했다.

함무라비　　무르실리스, 안 그래도 꼭 한번 따져야겠다고 벼르고 있었는데…… 정말 잘 만났소. 내가 만든 함무라비 법전이 야만적인 법전이라고 누명을 씌운 장본인이 당신이지? 내 오늘은 기필코 진실을 밝혀서 당신의 코를 납작하게 해 줄 작정이니, 어디 도망갈 생각 하지 말고 자리 잘 지켜요. 내가 조목조목 따질 테니까.

　무르실리스가 어이없다는 표정으로 탁자를 치면서 말했다.

무르실리스　　얼씨구? 적반하장도 분수가 있어야지, 엉터리 같은 법전을 만든 주제에 누구 탓을 하는 겁니까? 할 말이야 내가 더 많지요. 함무라비 법전이 인류 최초의 법전이라니…… 당신이 법전을 만들기 전에 이미 많은 법전들이 있었어요. 당신도 알고 있지 않나요?
함무라비　　내가 언제 함무라비 법전이 인류 최초의 법전이라고 했소? 사람들이 제멋대로 그렇게 추측한 것이지, 그게 어째서 내 책임이오? 그리고 사실 함무라비 법전이 고대 메소포타미아에서 만들어

히타이트 법전

고대 히타이트 왕국에서 만든 법전으로 히타이트 고왕국의 무르실리스 1세가 만든 것과 신왕국 시대에 그것을 수정한 부분을 포함합니다. 약 200개의 조문으로 구성되어 있으며, 살인이나 상해와 같은 범죄에 대해 사형이나 탈리오 법칙 대신에 벌금형을 내리도록 한 것이 특징이지요.

진 여러 법전 중에서 가장 훌륭하다는 것은 누구나 인정하는 사실이오. 당신만 빼고!

함무라비가 기가 막힌다는 표정으로 고함을 지르자, 무르실리스도 달려들 듯한 기세로 대꾸했다.

무르실리스   이 영감이 노망이 들었나, 대체 누가 함무라비 법전이 훌륭한 법전이라고 합디까? 함무라비 법전보다는 내가 만든 히타이트 법전이 훨씬 훌륭하지!

함무라비가 대답하기 귀찮다는 듯 귀를 후비며 말했다.

함무라비   길고 짧은 것은 대봐야 안다고. 어디 한번 해 보시지. 나야 밑져야 본전 아닌가?

무르실리스   좋소. 내 진실을 밝혀서 당신에게 톡톡히 망신을 주고 말리다.

두 사람 사이의 논쟁이 격렬해지자 법정 경위가 조용히 하라고 주의를 주었다. 얼마 지나지 않아 판사가 법정에 들어섰다. 판사의 깐깐한 인상에 모든 사람들이 입을 다물고, 법정에 잠시 긴장감이 감돌았다.

법정 경위　　판사님께서 입정하십니다. 모두 일어서 주십시오.

　　위엄 있는 법정 경위의 말에 신안목 변호사와 고수해 변호사는 물론이고 법정 안에 있던 모든 사람들이 일어섰다.

법정 경위　　모두 자리에 앉아 주십시오.

판사　　지금부터 원고 함무라비가 피고 무르실리스를 상대로 제기

심리
재판의 기초가 되는 사실 및 법률 관계를 명확히 하기 위해 법원이 조사하는 행위를 말합니다.

기각
법원이 원고의 청구가 이유 없다고 하여 받아들이지 않고 배척하는 것을 말해요.

한 소송의 **심리**를 시작하겠습니다. 원고 측과 피고 측 모두 출석하였지요? 그럼 먼저 원고 측 변호인은 재판을 청구한 이유를 말씀해 주십시오.

신안목 변호사 네, 판사님. 저희는 지금까지 함무라비 법전에 관해 잘못 알려진 사실이 많고 그로 인해 잘못된 평가가 내려져 왔다고 판단하였습니다. 이에 대한 시정을 구하는 바입니다.

함무라비 법전에 대한 올바른 평가가 이루어지려면 먼저 함무라비 법전에 관한 역사적 사실을 알아볼 필요가 있다고 생각합니다. 따라서 함무라비 법전에 관한 역사적 사실을 증거를 바탕으로 명확하게 밝히고, 이렇게 밝혀진 사실을 토대로 함무라비 법전에 관한 왜곡된 평가를 바로잡아 주시기 바랍니다.

판사 피고는 원고 측의 주장을 인정합니까?

고수해 변호사 판사님, 원고 측은 터무니없는 주장을 하고 있습니다. 받아들일 수 없습니다. 함무라비 법전에 대한 역사적 사실은 이미 많은 역사학자들의 노력으로 명백하게 밝혀졌습니다. 그러므로 함무라비 법전에 관한 역사적 사실을 다시 밝혀야 한다는 원고 측 주장은 옳지 못합니다. 아울러 함무라비 법전에 대한 역사적 평가 역시 함무라비 법전의 내용에 따라 합리적으로 이루어진 것이기에 원고 측 주장을 더더욱 받아들일 수 없으며, 원고의 청구를 **기각**해 주실 것을 주장하는 바입니다. 또한 저희는 함무라비 법전이 인류 최초의 법전이라는 평가가 지금까지 발굴된 역사적 자료에 비추어 볼 때 부당한 것이기에 이를 바로잡아 주실 것도 요구합니다.

판사　피고 측은 원고 측 주장을 부인하고 있습니다. 그럼 함무라비 법전에 관한 역사적 사실과 평가에 대한 심리를 본격적으로 진행하겠습니다.

　먼저 피고 측 주장에 따라 함무라비 법전이 인류 최초의 법전인가 하는 문제부터 살펴보겠습니다. 이 문제는 함무라비 법전이 언제 만들어졌고, 함무라비 법전 이전에 만들어진 다른 법전이 있었는지 밝혀내면 자연스럽게 해결될 수 있는 문제라고 봅니다. 따라서 피고 측에서는 함무라비 법전의 제정 시기와 함무라비 법전 이전에 제정된 법전이 있었는지 관련 증거를 제출해 주시기 바랍니다.

고수해 변호사　판사님, 함무라비 법전이 만들어진 때를 확실히 알아보기 위해 함무라비 법전을 제정한 원고를 신문하도록 허락해 주십시오.

판사　인정합니다. 원고는 증인석으로 나와 주시고, 피고 측 변호인은 신문해 주시기 바랍니다.

고수해 변호사　원고는 법전을 만든 당사자로서 법전이 언제 제정되었는지 가장 잘 알 수 있다고 판단됩니다. 언제 법전을 만들었나요?

함무라비　보아하니 아직도 함무라비 법전이 언제 제정되었는가에 대해 많은 논란이 있는 것 같군요. ▶사실 고대 메소포타미아에는 오늘날과 같은 달력이 없었습니다. 그래서 연대를 표시할 때도 자연재해나 전쟁 등 중요한 사건

교과서에는

▶ 기원전 3000년 무렵 메소포타미아 문명을 이룩한 수메르 인은 달의 운행을 기준으로 하여 1년을 12개월로 하는 태음력을 만들어 사용했습니다. 또한 별의 움직임으로 점을 치는 점성술도 발달했지요.

그레고리력

현재 전 세계적으로 통용되고 있는, 1년을 305일 또는 300일로 하는 양력 달력이지요. 교황 그레고리우스 13세가 기존에 사용되던 율리우스력의 역법상 오차를 수정하여 태양의 위치와 책력이 훨씬 잘 맞도록 한 것입니다. 그의 이름을 따서 그레고리력 또는 그레고리우스력이라 부르고 있지요.

을 기준으로 했지요. 함무라비 법전에 법전이 만들어진 연도가 정확하게 적혀 있지 않은 것도 바로 이런 이유 때문입니다. 그런 면에서 함무라비 법전이 만들어진 때를 둘러싸고 혼란이 발생하는 것은 어쩌면 당연하다고 할 수 있지요.

고수해 변호사　　지금 쓰이는 달력인 **그레고리력**이 만들어진 것이 1582년이라고 하는데, 원고가 함무라비 법전을 만든 것은 이보다 무려 3300여 년 전이니 오늘날처럼 법전을 만든 때를 정확히 표시할 수는 없었겠네요.

함무라비　　그렇소. 이제 내가 직접 함무라비 법전이 언제쯤 만들어졌는지 말씀드리지요. 나는 왕이 된 뒤 운하를 건설하고 신전을 세우는 등 나라 안의 일에 힘썼습니다. 그리고 재위 후반에는 주변의 여러 도시 국가들을 정복하여 메소포타미아 지역을 통일했지요. 이렇게 통일한 왕국을 잘 다스리려면 제대로 정비된 법전이 필요했습니다.

고수해 변호사　　그러고 보니 전쟁을 겪으면서 사회가 매우 혼란스러워졌겠군요.

함무라비　　그렇지요. 백성이 당하는 고통은…… 이루 말할 수가 없었습니다. 그래서 나는 재위 말년에 법전을 만드는 작업을 시작했고, 죽기 전에 함무라비 법전을 완성했지요. 그러니까 함무라비 법전을 만든 시기는 대략 기원전 1750년 무렵이었던 걸로 기억합니다.

고수해 변호사　　그렇다면 함무라비 법전에 법전을 만든 연도를 증명할 수 있는 내용이 들어 있습니까?

함무라비   네. 연도를 직접 표시하지는 않았지만 간접적으로 알 수 있는 내용이 들어 있습니다.

법전에는 전문과 후문이 있는데, 거기에 내가 여러 도시 국가들을 정복한 사실이 기록되어 있지요. 따라서 법전을 만든 연도는 이 도시 국가들에 대한 정복이 마무리된 시기부터 내가 사망한 시점 사이에 해당합니다. 이 시기가 대체로 기원전 1750년대입니다.

고수해 변호사   판사님, 원고의 진술에 의하면 함무라비 법전은 기원전 1750년경에 만들어졌다는 것을 알 수 있습니다. 원고, 진술한 내용이 틀림없는 사실이지요?

함무라비   네, 그렇습니다.

고수해 변호사   판사님, 저의 신문은 이것으로 마치겠습니다.

판사   원고 측 변호인, 원고에게 질문할 내용이 있습니까?

신안목 변호사   없습니다, 판사님.

판사   원고 측 변호인이 신문할 내용이 없다고 하니, 함무라비 법전을 제정한 시기가 기원전 1750년경이었다는 사실을 양측 모두 인정한 것으로 보겠습니다. 이제 함무라비 법전이 과연 인류 최초의 법전이었는가 하는 문제로 넘어가도록 하겠습니다. 피고 측 변호인, 이 문제에 대해 신문하시기 바랍니다.

전문과 후문

함무라비 법전은 전문, 본문 282조, 후문으로 구성되어 있어요. 전문이란 본문에 들어가기 전에 "함무라비 왕이 신에게 법을 만들 권한을 부여받아 정의를 실현하기 위해 함무라비 법전을 만든다"라고 법전을 만든 목적을 설명하는 글이에요. 본문에는 282개 조항으로 된 각각의 법 규정이 담겨 있답니다. 그리고 후문에는 후대의 왕들에게 함무라비 법전을 잘 지키고 보존하라고 요구하는 내용이 적혀 있지요.

메소포타미아

　메소포타미아는 두 강 사이의 땅을 의미하는 그리스 어랍니다. 여기서 두 강이란 티그리스 강과 유프라테스 강으로 메소포타미아는 두 강 사이의 평원 지대를 말하지요. 메소포타미아는 개방적인 지형으로 외부와의 교섭이 빈번 했습니다. 따라서 메소포타미아 문명은 폐쇄적인 이집트 문명과 달리 개방적 이고 능동적입니다.

　　　왜 함무라비 법전을 만들었을까?

함무라비 법전은
인류 최초의 법전일까?

고수해 변호사 원고는 분명히 함무라비 법전을 기원전 1750년경에 만들었다고 하였습니다. 그렇다면 함무라비 법전은 결코 인류 최초의 법전이 될 수 없습니다! 기원전 1750년 이전에도 여러 법전이 만들어졌으니까요.

판사님, 함무라비 법전이 인류 최초의 법전이 아니라는 사실을 밝히기 위해 고대 메소포타미아 지역의 여러 유적들을 탐사하여 점토판을 비롯한 많은 유물을 발굴한 명발굴 박사를 감정인으로 불러 주시기 바랍니다.

판사 네, 받아들입니다. 감정인 명발굴 박사, 증인석으로 나와 주시기 바랍니다.

명발굴 박사 선서. 나 명발굴은 진실만을 말할 것을 맹세합니다.

감정인

특별한 지식이나 경험을 토대로 재판에 관련된 사항에 대한 판단을 이야기하는 사람을 말합ㅣ다. 사건에 대한 직접적인 체험을 이야기하는 증인과는 조금 달라요.

고수해 변호사　　감정인은 오랫동안 고대 메소포타미아 지역에 대한 탐사 작업을 진행하셨죠? 점토판을 비롯한 수많은 유물을 발굴하고 해독한 세계적인 고고학자이자 언어학자이시고요. 맞습니까?

명발굴 박사　　그렇습니다. 내가 바로 세계적인 학자 명발굴이지요!

　　명발굴 박사는 긴장이 좀 풀렸는지 어느새 자랑스러운 얼굴로 대답하고 있었다. 그 모습을 보면서 방청객들이 수군거리기 시작했다.

　　"아니, 저 사람이 그렇게 대단한 사람이란 말이야? 겉모습만 봐서는 세계적인 학자가 맞는 것 같긴 한데……."

　　방청석에 있던 한 젊은 남자 영혼이 옆 친구에게 묻자, 지상에 있을 때 고고학을 공부했던 친구가 면박을 주었다.

　　"쯧쯧. 넌 고고학에 대해 관심이 없으니까 모르지! 명 박사님이 고고학계에서 얼마나 유명한 분인데! 자기 자랑이 좀 심하긴 하지만……."

교과서에는

▶ 함무라비 법전 비문은 돌기둥에 법전의 내용 총 282개 조항을 새긴 것입니다. 기원전 12세기에 엘람 인이 바빌론을 약탈하였을 때 전리품으로 가져가 수사(Susa)의 아크로폴리스에 장식해 두었던 것을 1901년에 프랑스 탐험대가 발굴했지요.

고수해 변호사　　감정인이 발굴한 자료들을 볼 때 함무라비 법전이 인류 최초의 법전이라는 역사적 평가는 정확한 것인가요?

명발굴 박사　　아, 그 오래된 오해 말이지요? ▶20세기 초, 이란의 남서쪽에 있는 고대 도시 수사에서 함무라비 법전을 기록한 돌기둥이 발견될 때까지만 해도 학자들은 함무라비 법전이 인류 최초의 법전이라고 생각했지요.

하지만 지금까지 발굴한 여러 유물, 특히 설형 문자로 기록된 수많은 점토판에서 함무라비 법전 이전에 이미 다른 법전이 존재했음을 확인할 수 있었습니다. 따라서 이제는 함무라비 법전이 인류 최초의 법전이라는 평가는 수정되어야 한다고 생각합니다. 즉, 함무라비 법전이 인류 최초의 법전은 아니라는 거지요.

명발굴 박사의 단호한 대답에 방청석이 다시 술렁거리기 시작했다. 그중 머리를 예쁘게 땋은 한 소녀가 옆에 앉은 아빠를 올려다보며 물었다.

"아빠, 함무라비 법전이 최초의 법전이 아니라는데요. 오늘 재판에 오면서 제게 함무라비 법전이 세계에서 제일 처음으로 만들어진 거라고 하셨잖아요?"

"하하…… 그랬지? 아빠도 그렇게 알고 있었는데 지금까지 잘못 알고 있었나 보네. 그럼 그 전에 다른 법전이 있었단 말인가?"

방청석에서 들려오는 이야기에 고수해 변호사는 그 말이 나올 줄 알았다는 듯이 어깨를 으쓱하더니 질문을 시작했다.

고수해 변호사　그렇다면 함무라비 법전 이전에 만들어진 법전으로는 어떤 것들이 있는지 말씀해 주시겠습니까? 판사님과 배심원 여러분, 그리고 방청석에서는 제가 만들어 온 슬라이드를 함께 보면서 들어 보시지요.

명발굴 박사　　지금까지의 고고학적 발굴 성과들을 종합해 보면, 함무라비 법전이 제정되기 전에 적어도 네 개의 법전이 있었습니다. 가장 먼저 만들어진 법전은 '우루카기나 개혁'입니다. 이것은 기원전 2350년경에 고대 메소포타미아의 도시 국가 가운데 하나인 라가시의 왕인 우루카기나가 만든 법전으로 수메르 어와 설형 문자로 쓰여 있지요. 이 법전은 신관과 관리들이 백성들을 착취하는 것을 막고 사회적 약자를 보호하기 위해 만들어졌다고 합니다.

고수해 변호사　　그래요? '우루카기나 개혁'이라니, 명색이 인류 최초의 법전인데 처음 들어 보는 이름이네요. 다른 법전으로는 어떤 것들이 있습니까?

명발굴 박사　　다른 법전으로는 기원전 2100년경 우르 제3왕조의 우르 남무 왕이 만든 '우르 남무 법전', 기원전 2000년경에 이신의 왕인 리피트 이슈타르가 만든 '리피트 이슈타르 법전', 기원전 1900년경에 도시 국가인 에슈눈나에서 만든 '에슈눈나 법전'이 있습니다. 이 네 개의 법전 가운데 앞의 세 가지 법전은 **수메르 인**들이 만든 것이고, 마지막의 에슈눈나 법전은 **아카드 인**들이 만든 것입니다. 함무라비 법전은 기원전 18세기 중반에 만들어졌으니까 이 법전들보다는 늦게 만들어진 것이지요.

고수해 변호사　　그렇다면 함무라비 법전은 이 법전들의 영향을 받아서 만들어졌다고 볼 수 있겠군요.

왜 함무라비 법전을 만들었을까?

찰르르!

함께 보시죠!

기원전 3100년경	수메르 인들이 인류 최초의 문자인 설형 문자 발명
기원전 3000년경	수메르에서 최초의 도시들이 생겨남
기원전 2350년경	메소포타미아 남부의 도시 국가 라가시의 왕 우루카기나에 의해 개혁이 이루어짐
기원전 2100년경	메소포타미아 남부의 도시 국가인 우르 제3왕조의 창시자 우르 남무에 의해 우르 남무 법전이 만들어짐
기원전 2000년경	메소포타미아 중부의 도시 국가 이신의 왕 리피트 이슈타르가 법전 만듦
기원전 1900년경	에슈눈나 법전이 만들어짐
기원전 1830년경	바빌로니아 제1왕조 성립
기원전 1750년경	바빌로니아 제1왕조 제6대 왕 함무라비가 함무라비 법전 만듦
기원전 1700년경	아나톨리아 지역(현재의 터키 지역)에서 히타이트 왕국 등장
기원전 1530년경	히타이트 왕국의 무르실리스 1세 바빌론 정복, 바빌로니아 제1왕조 멸망, 무르실리스 1세 히타이트 법전 만듦
기원전 1200년경	히타이트 왕국 멸망

명발굴 박사 그렇습니다. 함무라비 법전에 이 법전들과 비슷한 규정들이 있다는 사실에 비추어 이를 어렵지 않게 확인할 수 있지요. 따라서 함무라비 법전은 시기뿐만 아니라 내용으로 보더라도 인류 최초의 법전이라고 할 수 없습니다.

고수해 변호사 함무라비 법전이 인류 최초의 법전이라는 잘못된 생각을 바로잡을 수 있는 유익한 말씀을 해 주신 데 대해 감사드립니다. 이것으로 저의 신문을 마치겠습니다.

판사 감정인의 진술에 대해 원고 측 변호인도 신문할 내용이 있으면 하세요.

신안목 변호사　　감정인의 증언에 따르면 함무라비 법전을 인류 최초의 법전이라고 하기는 어렵겠군요. 저희 쪽에서도 함무라비 법전이 인류 최초의 법전이 아니라는 점은 인정합니다.

다만 그 내용을 보았을 때 함무라비 법전이 이전에 만들어진 어떤 법전보다 완전한 체계와 내용을 갖추었다고 생각합니다. 이 점에 대해 감정인은 어떻게 생각하십니까?

명발굴 박사　　저도 그 점에 대해서는 대체로 동의합니다. ▶앞서 예를 들었던 법전들은 단편적인 내용만 전해지고 있는데, 함무라비 법전은 그 방대한 내용이 거의 다 전해지고 있으니까요. 그 내용들을 따져 보면 함무라비 법전은 다른 법전과 비교할 수 없을 정도로 풍부한 내용과 완벽한 체계를 가지고 있음을 확인할 수 있습니다. 따라서 함무라비 법전은 고대 메소포타미아 지역을 대표하는 가장 훌륭한 법전이라고 할 수 있을 것입니다.

신안목 변호사　　그렇군요. 함무라비 법전이 고대 메소포타미아 사회를 대표하는 가장 완전한 형태의 법전이라는 말씀이군요. 이상으로 신문을 마치겠습니다.

판사　　피고 측 변호인, 다시 신문하시겠습니까?

고수해 변호사　　네, 판사님. 감정인은 함무라비 법전이 고대 메소포타미아 사회를 대표하는 가장 훌륭한 법전이라고 하셨는데, 그럼 묻겠습니다. 감정인은 전공이 고고학과 언어학입니까, 아니면 법학입니까?

명발굴 박사　　이름이 명발굴인데 당연히 고고학이지요.

교과서에는

▶ 함무라비 법전은 수메르 문명 이후에 만들어진 여러 법규를 집대성한 성문 법전입니다.

왜 함무라비 법전을 만들었을까?

내 전공은 말할 것도 없이 고고학과 언어학입니다. 허허.

고수해 변호사   그렇다면 법학을 전공하지도 않은 분이 어떻게 함무라비 법전의 내용이 훌륭하다 아니다 평가할 수 있습니까? 그 문제는 감정인의 능력 밖의 문제가 아닌가요?

명발굴 박사   아따, 그 양반 참 깐깐하시네! 물론 나는 법학을 전공한 사람이 아니기 때문에 함무라비 법전의 내용을 정확하게 평가할 수는 없습니다. 다만 상식적인 관점에서 보더라도…….

고수해 변호사   지금 저는 발굴과 관련된 감정인의 전문적인 지식을 묻는 것이지, 법전의 내용에 관한 상식적인 입장을 묻는 것이 아닙니다! 판사님, 함무라비 법전이 훌륭한 내용을 가진 법전이라는 감정인의 주장은 전문가의 진술이 아니기에 증거에서 제외시켜 주실 것을 요청합니다.

판사   함무라비 법전의 내용은 나중에 다시 자세하게 검토하기로 하고, 여기서는 일단 함무라비 법전이 인류 최초의 법전인가에 대해서만 판단하겠습니다. 지금까지의 증언을 종합하면 함무라비 법전이 인류 최초의 법전이라는 역사적 평가는 수정되어야 할 것 같습니다. 왜냐하면 함무라비 법전이 제정되기 이전에도 적어도 네 개의 법전이 있었다는 것이 고고학적 발굴을 통해 확인되었으니까요. 다만 함무라비 법전이 가장 완전한 형태로 전해지고, 또 가장 방대한 내용을 가진 법전이라는 것은 인정할 수 있을 것 같습니다.

함무라비 법전은
어떤 글자로 쓰였을까?

함무라비 법전은 아카드 어와 설형 문자로 기록되어 있답니다. 아카드 어가 무엇이냐고요? 아카드 어란 기원전 19세기에 메소포타미아 지역으로 옮겨 와 수메르 인들을 정복한 아모리 인들이 사용했던 셈 어 계통의 언어입니다.

설형 문자는 기원전 3000년 무렵에 수메르 인들이 만든 인류 최초의 문자입니다. 갈대로 펜을 만들어 점토판 위에 새긴 쐐기 모양의 문자이지요. 한자로 쐐기 설(楔), 모양 형(形)을 써서 설형 문자라고 부른답니다.

함무라비 왕은 함무라비 법전을 제정할 때 언어는 아카드 어를 사용했지만 문자는 수메르 인들이 쓰던 설형 문자를 사용했답니다.

설형 문자의 모양 변천 과정과 뜻, 음

					뜻	음
					하늘	an
					땅	ki
					남자	lu
					여자	sal
					산	kur
					여자 노예	geme
					머리	sag
					입	ka
					빵	ninda

왜 함무라비 법전을 만들었을까?

3

함무라비 법전은 어떻게
알려지게 되었을까?

판사　함무라비 법전이 지금으로부터 3700여 년 전에 제정되었으면서도 오늘날까지 법전의 거의 모든 내용이 우리에게 전해진다는 것이 그저 놀라울 따름입니다. 도대체 어떻게 함무라비 법전이 우리에게 전해지게 된 건가요?

신안목 변호사　판사님, 이를 밝히고자 드 모르강 씨를 증인으로 불러 주시기 바랍니다.

판사　좋습니다. 드 모르강 씨는 증인석으로 나와 주시기 바랍니다.

　판사의 말이 떨어지자 콧수염을 멋지게 기른 한 남자가 증인석에 올라 활짝 웃으며 말했다.

드 모르강　봉주르! 이렇게 법정에 서게 되니 좋군요. 내가 발굴한 함무라비 법전을 만든 **무슈** 함무라비도 보게 되어 반가워요.

신안목 변호사　안녕하세요, 드 모르강 씨. 법정에 이렇게 기분 좋게 등장하는 분도 참 드문데, 밝은 모습을 보여 주시니 좋군요. 하하. 그럼 간단한 자기소개와 함께 함무라비 법전의 발굴 과정을 설명해 주시겠습니까?

드 모르강　좋아요. 나는 1900년에 프랑스 정부의 명령에 따라 발굴단을 이끌고 페르시아의 고대 도시인 수사를 탐험하게 되었지요. 그런데 그해 12월, 발굴단의 인부들이 수사의 폐허에서 조각 난 돌기둥 하나를 발견했습니다. 현무암으로 된 그 돌기둥 조각에는 설형 문자가 새겨져 있었지요. 계속 발굴 작업을 진행하다 보니 해가 바뀌었고, 1901년 1월에 다시 발굴단의 인부들이 나머지 두 개의 돌기둥을 발견했죠. 세 조각의 돌기둥을 합쳐 보니 2미터가 넘는 커다란 돌기둥이 되었답니다. 우리 발굴단은 이 돌기둥이 예사롭지 않다고 생각하고 이것을 프랑스로 가져와 **루브르 박물관**에 보관하게 된 것이지요.

신안목 변호사　그 돌기둥에 함무라비 법전이 기록되어 있다는 것을 어떻게 알게 되었습니까?

드 모르강　루브르 박물관에서는 이 돌기둥에 기록된 것이 무엇인지 밝히기 위해 돌기둥의 **탁본(拓本)**을 떠서 설형 문자를 연구하

는 학자들에게 해독해 달라고 부탁하였지요. 해독에 참여한 학자들
은 그 돌기둥이 함무라비 법전을 기록한 것임을 확인했고, 발굴한 지
2~3년 만에 함무라비 법전 전체의 내용이 밝혀지게 되었습니다. 학
자들은 법전의 방대한 내용이 거의 원형 그대로 보존된 사실에 놀라
움을 금할 수 없었죠.

신안목 변호사　　그렇군요. 궁금한 것이 하나 있는데요, 그 돌기둥에
새겨진 법을 함무라비 법전이라고 부르게 된 특별한 까닭이라도 있
나요?

드 모르강　　돌기둥에 새겨진 법을 만든 왕의 이름을 딴 것입니다.

저기 원고석에 앉아 있는 무슈 함무라비 말입니다. 사실 서양에서는 고대부터 현재까지 법을 만든 사람의 이름을 따서 명칭을 정하는 경우가 적지 않습니다. 함무라비 법전도 그러한 예에 해당합니다.

신안목 변호사   아, 19세기 초에 **나폴레옹 보나파르트**가 만든 법전을 나폴레옹 법전이라고 하는 것과 마찬가지군요.

드 모르강   그렇죠. 그리고 그것을 단순히 함무라비 법이라고 하지 않고 함무라비 법전이라고 한 데에는 특별한 사정이 있었어요. 돌기둥에 새겨진 법을 해독한 학자들은, 그 법이 고대인들이 만들었다고 믿기 어려울 만큼 아주 방대하고 체계적인 내용으로 이루어진 것에 무척 놀랐답니다. 그래서 학자들은 그 법을 방금 말씀하신 나폴레옹 법전에 필적하는 것으로 평가하여 법전이라는 명칭을 붙이게 된 것이지요.

신안목 변호사   그렇다면 프랑스 고고학자들이 발굴하고 해독했기 때문에 '법전'이라고 부르게 된 걸 수도 있겠네요.

드 모르강   그렇지요. 사실 함무라비 법전이라는 명칭에는 나폴레옹 법전에 대한 우리 프랑스 인의 자부심이 스며들어 있다고 볼 수 있어요. 근대법의 전형이 나폴레옹 법전이었고, 고대법의 전형인 함무라비 법전도 우리 프랑스 인이 발굴한 것이니까요.

신안목 변호사   함무라비 법전의 발굴 과정을 상세히 설명해 주신 데 대해 감사드립니다. 이상으로 저의 신문을 마치겠습니다.

판사 피고인 측 변호인, 증인 신문을 하시겠습니까?

고수해 변호사 네, 증인에게 묻겠습니다. 함무라비 법전을 기록한 돌기둥을 발굴한 것까지는 좋은데, 그것을 왜 프랑스로 가져갔습니까? 드 모르강 씨는 문화재 약탈도 모르나요? 그거 문화새 약탈 아닙니까?

드 모르강 오, 그 문제는 내가 대답하기 곤란한 것 같군요. 엄밀히 말하면 문화재 약탈이라고 볼 수도 있겠지요. 하지만 프랑스가 그 돌기둥을 발굴하여 루브르 박물관에 잘 보관했기 때문에 오늘날 함무라비 법전의 내용을 세계 모든 사람들이 알 수 있게 되었다는 것은 인정해야 할 것 같습니다.

고수해 변호사 아니, 증인은 문화재 약탈이 정당하다는 것입니까?

드 모르강 어…… 그게, 그런 건 아니에요. 이건 참 어려운 문제이지요. 앞으로 약탈된 세계 문화유산을 어떻게 처리해야 할 것인지에 대해 우리 모두 지혜를 모아야 할 것입니다.

고수해 변호사 그래서 프랑스는 원본을 남겨 둔 채 복제품만 덩그러니 돌려준 건가요?

판사 자, 문화재 약탈 문제가 중요한 것이기는 하지만 이 법정에서 다룰 사안이 아니니 이 정도로 해 둡시다. 피고 측 변호인, 증인에게 더 질문할 내용이 있습니까?

고수해 변호사 그 문제는 꼭 따지고 싶지만 오늘은 이만 참겠습니다. 더 이상 신문할 내용이 없습니다.

판사 증인은 돌아가셔도 좋습니다. 오늘 심리에서 함무라비 법전은 기원전 1750년경에 제정된 법전으로, 인류 최초의 법전은 아니지만 고대 사회를 대표하는 법전이라는 것을 확인할 수 있었습니다. 그리고 함무라비 법전이 우리에게 알려지게 된 것은 20세기 초 프랑스 발굴단의 발굴 성과 덕분이라는 것도 알게 되었고요. 이상으로 오늘의 재판을 마치도록 하겠습니다.

땅, 땅, 땅!

왜 함무라비 법전을 만들었을까?

문화재 약탈이란?

세계의 많은 강대국들은 과거에 자신들이 지배했거나 발굴했던 지역의 문화재들을 자기 나라로 가져가 박물관에 보관하고 있는 경우가 많습니다. 문화재를 빼앗긴 나라들은 그것이 문화재 약탈이라고 주장하며 돌려달라고 요구하고 있지요. 우리나라의 경우에도 일본이 1905년에 함경북도 길주에 세워져 있던 북관 대첩비를 약탈해 간 것을 2005년 10월에 100년 만에 돌려받아 북한으로 보낸 적이 있답니다.

경복궁에 전시된 북관 대첩비 모조품. 북관 대첩비는 임진왜란 당시 의병장 정문부가 함경도 길주에서 왜군을 물리친 것을 기념하기 위해 1707년(숙종 34년)에 길주에 세운 기념비입니다.

함무라비 법전을 기록한 돌기둥

1900~1901년에 고대 도시 수사에서 프랑스 발굴단이 발굴한 것으로, 현재 프랑스 파리의 루브르 박물관에 소장되어 있지요. 이 돌기둥은 원래 메소포타미아 중부 지역의 도시 시파르에 있는 신전 앞에 세워져 있었는데, 기원전 1200년경에 엘람 인들이 바빌로니아를 점령하면서 전리품으로 약탈해 수사로 가져간 것입니다.

돌기둥의 윗부분에는 함무라비 왕이 서서 오른쪽에 앉아 있는 샤마슈 신으로부터 상징물을 받는 장면이 새겨져 있고, 돌기둥의 앞면과 뒷면에 법전의 내용이 기록되어 있습니다.

다알지 기자

　　　　　　안녕하세요? 역사공화국 법정 뉴스의 다알지 기자입니다. 오늘 있었던 함무라비 대 무르실리스 재판 첫 번째 심리에서는 '눈에는 눈, 이에는 이'라는 말로 유명한 함무라비 법전이 과연 인류 최초의 법전인지에 대해 알아보았습니다. 유명한 명발굴 박사가 감정인으로 등장해 인류 최초의 법전에 대해 증언했는데요. 증언에 따르면 우리가 알던 것과는 달리 기원전 1750년쯤 제정된 함무라비 법전이 인류 최초의 법전이 아니라고 합니다. 기원전 2350년쯤 만들어진 '우루카기나 개혁'을 포함해 네 개의 법전이 함무라비 법전 제정 전에 이미 있었다고 하는 놀라운 소식이었지요. 또 프랑스의 탐험가 드 모르강은 지금으로부터 110여 년 전 페르시아의 고대 도시 수사에서 함무라비 법전이 새겨진 돌기둥을 발견한 과정에 대해 증언했답니다. 그럼 지금부터 이번 재판의 원고인 함무라비와 피고인 무르실리스의 이야기를 들어 보겠습니다.

함무라비

　　나는 함무라비 법전이 인류 최초의 법전이라고 말한 적이 없습니다. 다만 함무라비 법전이 고대 사회를 대표하는 훌륭한 법전이기에 후세 사람들이 자주 이야기하는 것뿐이지요. 교과서를 자세히 들여다보면, 이전에 있던 법전을 이어받아 함무라비 법전을 제정했다는 말이 분명히 들어가 있어요. 나는 오히려 함무라비 법전이 최초의 법전이라는 잘못된 상식을 바로잡고, 당시의 시대와 지역을 대표하는 법전임을 인정받은 것이 더 기쁘답니다.

　　왜 함무라비 법전을 만들었을까?

무르실리스

　함무라비는 함무라비 법전이 최초의 법
전이라고 주장한 적이 없다고 하지만 역사 교
과서를 한번 보세요. 함무라비 법전이 만들어지기
이전에 메소포타미아 지역에서 나온 법전들의 이름이 제대로 나오는
지 말입니다! 또한 함무라비 법전보다 120년 후에 만들기는 했지만 내
가 만든 히타이트 법전도 훌륭합니다. 그런데 모두들 함무라비 법전만
이야기할 뿐 다른 법전들에 대해서는 알아볼 생각도 하질 않아요. 멋
대로 고대를 대표하는 법전이라고 하다니…… 다음 재판에서 함무라
비 법전의 잔인함을 제대로 폭로해야겠어요!

함무라비 법전을
만든 까닭은 무엇일까?

1. 함무라비 법전은 어떻게 만들어졌을까?
2. 무슨 목적으로 함무라비 법전을 만들었을까?
3. 함무라비 법전은 어떤 내용을 담고 있을까?

1
함무라비 법전은
어떻게 만들어졌을까?

판사　　지난번 재판에서는 바빌로니아 제1왕조의 6대 왕인 원고 함무라비가 기원전 1750년경에 함무라비 법전을 만들었다는 것이 밝혀졌습니다. 오늘은 원고가 어떤 목적으로 어떤 과정을 거쳐 법전을 만들게 되었는지 알아보겠습니다. 우선 함무라비 법전의 주요 내용이 무엇인지 밝혀 보고자 합니다. 원고가 함무라비 법전을 만들게된 배경과 만든 목적을 설명해 주시겠습니까?

함무라비　　무엇보다도 함무라비 법전은 신의 명령에 따라 만든 것이라는 점을 말씀드리고 싶습니다. 돌기둥의 앞면 윗부분에 새긴 기록에서 밝혔듯이, 나는 태양신이자 정의의 신이기도 한 샤마슈로부터 이 땅에 정의를 실현하기 위해 법전을 제정하라는 명령을 받았습니다. 그래서 함무라비 법전을 만들었지요. 이런 의미에서 함무라비

법전은 신의 권위에서 나온 신성한 법전이라고 할 수 있습니다.

고수해 변호사　아니, 신이 원고에게 법을 만들 권한, 입법권을 주었다고요? 원고는 그게 도대체 말이 된다고 생각하십니까? 제가 생각하기에 원고가 자기 마음대로 법전을 만들고 신의 권위를 내세워 정당화하는 것처럼 보이는데요. 그렇지 않습니까, 원고?

함무라비　물론 오늘날 관점에서 보면 신이 나에게 입법권을 주었다는 것이 이상하게 들릴 수도 있지요. 하지만 고대 메소포타미아 사회에서는 신이 인간 사회의 질서와 운명을 결정한다고 생각했어

신탁

신성한 사람, 즉 사제를 통해서 전달되는 신의 예언이나 명령을 말해요. 하지만 신탁은 진짜 신의 예언이었다기보다 사람들의 믿음이고 희망이었다고 봐야겠지요.

델포이 신전

고대 그리스의 폴리스 전성 시대에 도시 국가들은 신의 보호를 받는 특별한 존재임을 과시하고자 경쟁적으로 신전을 지었어요. 그 중 델포이 신전의 땅 밑에서는 습하고 냄새가 독한 김이 올라와 이 김을 쐬면 몽롱한 상태에 빠졌다고 해요. 그래서 신전의 지킴이인 무녀는 이 김을 쐬고 잘 알아들을 수 없는 말을 중얼거렸는데, 당시 사람들은 이 말을 아폴론의 신탁이라고 여겼다고 합니다.

소크라테스

기원전 469~기원전 399년. "너 자신을 알라"라는 말로 우리에게 잘 알려진 고대 그리스의 철학자입니다. 예수, 공자, 석가모니와 함께 세계 4대 성인으로 불리기도 하지요. 그에 관한 이야기는 그의 제자들과 당대 사람들의 기록을 통해 알 수 있는데, 특히 제자 플라톤이 남긴 기록에 자세히 쓰여 있답니다.

요. 그때는 인간이 신전에 가서 신의 뜻을 전달받고 그것을 실행하는 것이 일반적이었지요. 고대 그리스에서 나타났던 신탁이라는 것도 바로 그런 것 아니겠습니까?

고수해 변호사 하긴 그렇군요. 고대 그리스에서 델포이 신전의 무녀가 '소크라테스가 아테네에서 가장 현명한 사람'이라고 아폴론 신의 뜻을 전달하기도 했지요. 그러니까 원고도 소크라테스처럼 신의 선택을 받은 사람이라는 뜻이군요.

함무라비 이제 알아듣겠습니까? 여하튼 고대 사회에서 왕은 신의 대리인이자 백성을 인도하는 목자로서 신의 명령을 실행하는 역할을 담당하였지요. 내가 법전을 제정하게 된 것도 바로 태양신의 명령을 받들기 위한 것이었습니다.

고수해 변호사 고대 사회의 일반적인 생각이 그러했다니 할 말은 없습니다만 선뜻 받아들이기는 힘들군요. 그럼…… 원고가 법전을 만든 다른 이유는 없었나요?

함무라비 물론 있었지요. ▶나는 재위 후반기에 주변의 여러 도시 국가를 정복하여 왕국을 통일하였습니다. 그러자 넓어진 영토를 보다 효율적으로 통치할 수 있는 법이 필요해졌어요. 왕국의 영토가 넓어지고 인간관계가 복잡해지면서 전에는 발생하지 않았던 분쟁들이 하나둘 나타나기 시작했거든요. 그래서 이러한 분쟁들을 해결하고 왕국 전체를 효율적으로 다스리

기 위해 새로운 법이 필요했습니다.

고수해 변호사　　잠깐만요. 그러니까 원고는 새로 정복한 지역을 효율적으로 통치하려고 법을 만들었다는 말씀이지요? 그렇다면 함무라비 법전에 나타난 매우 야만적이고 잔혹한 형벌 규정은 결국 정복한 영토의 주민을 억압하려는 장치군요!

신안목 변호사　　판사님, 지금 피고 측 변호인은 아무런 근

교과서에는

▶ 메소포타미아 지방은 기원전 1750년 무렵 바빌로니아 왕국의 함무라비 왕 때 처음으로 통일되었습니다. 이때 만들어진 함무라비 법전은 서아시아의 법률에 큰 영향을 미쳤지요.

거 없이 원고의 주장을 왜곡하여 유도 신문을 하고 있습니다.

판사 인정합니다. 피고 측 변호인은 근거 없는 추측을 삼가 주세요. 원고는 법전을 만들게 된 배경을 좀 더 구체적으로 설명해 주시겠습니까?

함무라비 아버지 신무발리트가 돌아가신 기원전 1792년, 나는 바빌로니아 제1왕조의 6대 왕 자리에 올랐습니다. 재위 초기에는 신전과 수로를 건설하는 등 주로 나라 안을 제대로 다스리기 위해 노력했지요. 백성이 평화롭고 안락하게 생활할 수 있도록 한 것입니다.

그러다가 재위 30년 무렵부터 메소포타미아 지역을 통일하려고 주위의 여러 도시 국가와 전쟁을 했어요. 당시 메소포타미아에서는 여러 도시 국가가 끊임없이 전쟁을 했습니다. 결국 나는 이러한 혼란을 극복하고 메소포타미아 지역에 참된 평화를 가져오기 위해 전쟁에 나설 수밖에 없었지요.

고수해 변호사 흥. 전쟁으로 인한 혼란을 전쟁으로 극복하려고 했다? 허 참. 핑계 한번 대단하군요.

함무라비 어허, 핑계라니! 고 변호사는 내 말을 안 믿기로 작정을 했군요. ▶어쨌든 약 10년간의 전쟁을 치른 끝에 메소포타미아 지역을 통일했어요. 대제국을 건설할 수 있었던 거지요. 정복 전쟁이 마무리되자 그동안 전쟁으로 피폐해진 백성의 생활을 안정시켜야겠다는 생각이 들었어요. 그래서 나는 재위 말년에 함무라비 법전을 만들기로

결심했습니다.

고수해 변호사　　원고는 민생을 안정시키기 위해 법전을 만들었다고 주장하는데, 그것을 누가 믿겠습니까? 무력으로 다른 국가들을 정복한 상황에서 피정복민을 효율적으로 억압하기 위한 법전이 아닌가요?

함무라비　　음…… 내가 어떤 말을 해도 믿지 않는군요. 다시 한 번 말하지만 법전을 제정한 것은 어디까지나 민생을 안정시키기 위한 것이었습니다. 내가 죽고 난 이후의 역사를 보더라도 정복 전쟁을 마무리한 후 나와 같이 법전을 제정한 예는 얼마든지 있지 않습니까?

6세기에 동로마 제국의 유스티니아누스 황제가 게르만인들이 지배하던 서로마 지역을 정벌한 후 저 위대한 시민법 대전을 만들었고, 19세기에 나폴레옹이라는 사람은 계몽사상을 전 유럽에 전파시키기 위한 전쟁을 벌인 후 나폴레옹 법전을 만들었다고 하더군요.

판사   대제국을 건설한 정복자가 위대한 법전을 제정했다는 역사적 사실이 모순 같습니다. 그러나 함무라비 법전이 피고 측 변호인의 주장처럼 효율적인 억압을 위한 것인지, 아니면 원고 측의 주장처럼 민생의 안정을 위한 것인지는 법전에 나타난 입법 목적을 구체적으로 검토하면 보다 정확하게 밝혀질 것 같습니다. 이제 함무라비 법전의 입법 목적, 즉 법전을 만든 목적에 관해 살펴보기로 합시다.

시민법 대전

　시민법 대전(Corpus Iuris Civilis)은 동로마 제국의 유스티니아누스 황제가 로마 제국의 영광을 재현하고 훌륭한 로마법을 보존하기 위해 만든 방대한 법전으로, 12표법 이후 약 1000년 동안 로마에서 만들어진 거의 모든 법률과 학설을 포함하고 있습니다. 우리가 로마법의 내용을 자세히 알 수 있는 것도 시민법 대전이 있기 때문이지요.

　유스티니아누스 황제는 훌륭한 법전도 만들었지만 한편으로 위대한 건축 활동가로도 유명합니다. 당대의 으뜸가는 건축가들인 이시도로스, 안티미오스 등을 동원하여 수도 콘스탄티노플에 아야 소피아를 재건하기도 했답니다.

유스티니아누스 1세
(482~565년, 재위 527~565년)

2 무슨 목적으로 함무라비 법전을 만들었을까?

판사 원고 측 변호인, 함무라비 법전을 만든 목적이 구체적으로 무엇인지 설명해 주시기 바랍니다.

신안목 변호사 네, 판사님. 이는 함무라비 법전의 전문과 후문에 구체적으로 나타나 있습니다. 입법 목적이 무엇인지 원고의 진술을 통해 확인해 보면 어떨까 합니다.

판사 그래요. 원고는 법전의 입법 목적을 구체적으로 설명해 주시겠습니까?

함무라비 함무라비 법전은 무엇보다도 정의를 실현하는 데 목적을 두었습니다. 여기서 말하는 정의란 각자에게 자신의 몫을 주는 것을 말하지요. 가령 죄를 지은 사람에게는 거기에 맞는 벌을 내리고, 열심히 일한 사람에게는 거기에 합당한 대가를 지급하는 것이 정의라고 할 수 있지요. ▶함무라비 법전은 바로 이러한 정의의 실현을 입법의 가장 큰 목적으로 선언하고 있습니다.

신안목 변호사   그럼 정의 실현 외에 다른 목적도 있었나요?

함무라비   물론입니다. 사회적 약자의 보호가 바로 그것입니다. 사실 오랜 기간에 걸친 전쟁과 사회 혼란 때문에 과부와 고아를 비롯해 많은 사회적 약자들이 생겨나게 되었습니다. 만일 법이 이들을 보호해 주지 않으면 이들은 부유한 자들이나 힘센 자들로부터 끊임없이 고통을 당하게 될 것이었습니다. 그래서 나는 ▶사회적 약자들을 강자들로부터 보호하기 위해 함무라비 법전을 만든 것입니다.

신안목 변호사   그렇군요. 과연 훌륭하십니다. 함무라비 법전을 만든 또 다른 목적도 있는 것으로 알고 있는데요?

함무라비   ▶법전을 제정한 세 번째 목적은 백성의 삶의 질을 높이기 위함이었습니다. 당시 사회적 혼란과 무질서 때문에 많은 백성이 일상적인 생활을 하는 데 어려움을 겪고 있었거든요. 그래서 사회 질서와 평화를 확보하여 백성이 안정된 생활을 할 수 있도록 하는 것이 무엇보다 시급한 과제였지요. 나는 그것을 함무라비 법전의 입법 목적에 포함시켰던 것입니다.

고수해 변호사   잠깐만요. 원고가 지금 말한 정의니 사회적 약자 보호니 하는 것들은 모두 허울뿐인 명분 아닌가요? 그럴듯하게 포장만 한다고 좋은 법이 되는 것은 아니잖습니까? 그동안 인류의 역사를 돌이켜 볼 때 악법일수

록 번지르르한 말로 치장하는 일이 많이 있었잖습니까?

함무라비　　전혀 그렇지 않습니다. 나중에 말씀드릴 기회가 있을지 모르겠지만, 당시에는 물론이고 지금의 관점에서 보더라도 함무라비 법전은 앞에서 말씀드린 입법 목적을 실현하는 데 적합한 규정들을 많이 포함하고 있습니다.

　왜 함무라비 법전을 만들었을까?

고수해 변호사 그런 말은 누가 못하나요? 구체적인 예를 들어 주셔야지요.

함무라비 좋습니다. 한 가지 예를 들어 보지요. 오늘날도 그렇지만 당시에도 생활 형편이 어려워 이듬해에 갚기로 하고 돈이나 곡식을 빌리는 사람들이 적지 않았습니다. 그런데 흉년이 들어 제때 빚을 갚지 못하면 본인이나 가족이 돈을 빌려 준 사람의 집에 끌려가서 그의 노예가 되어야 했어요. 가난한 사람들에게 이것이 얼마나 큰 고통이었겠습니까?

생각해 보면, 빚을 못 갚은 것은 흉년이라는 천재지변 때문이지 빚을 진 사람이 갚을 의사가 없어서 그렇게 된 것은 아니잖습니까? 그래서 나는 흉년이 든 경우에는 빚을 1년 뒤에 갚아도 되게 하였습니다. 또 1년 동안은 이자를 내지 않아도 되게 했지요.(함무라비 법전 제48조)

신안목 변호사 원고의 말을 듣고 보니 함무라비 법전은 고귀한 입법 목적을 내세우고 있을 뿐만 아니라 그러한 입법 목적을 실현하기 위한 구체적인 규정들도 두고 있군요. 그렇다면 원고, 입법 목적을 실질적으로 달성하기 위한 절차 같은 것도 마련해 두었나요?

함무라비 물론입니다. 나는 입법 목적이 제대로 실현될 수 있도록, 백성이 부당하게 자신의 권리나 이익을 침해당한 경우 재판을 통해 이를 되찾을 수 있도록 하였습니다.

법전을 새긴 돌기둥을 주요 도시의 신전 앞에 세워 두도록 한 것도 법의 내용과 재판의 예상되는 결과를 미리 알림으로써 백성들이 편안하게 법률 생활을 할 수 있도록 배려하였던 것이지요.

판사   그렇군요. 자, 그럼 원고의 주장에 대해 피고 측 변호인은 이의 없습니까?

고수해 변호사   원고 측의 주장을 모두 받아들이기는 어렵지만, 그 주장을 반박할 마땅한 증거도 없고…… 원고 측 주장을 인정할 수밖에 없네요.

판사   그렇다면 함무라비 법전을 만든 목적이 '정의의 실현', '사회적 약자의 보호', '백성들의 생활의 질 향상'이었다는 것을 인정하기로 하겠습니다.

왜 함무라비 법전을 만들었을까?

함무라비 법전은
어떤 내용을 담고 있을까?

판사　이제 함무라비 법전의 구체적 내용을 살펴보았으면 합니다. 그러나 함무라비 법전은 282개 조항을 가진 방대한 법전이기에 법전 내용 모두를 살펴보는 것은 어렵다고 판단됩니다. 따라서 원고 측에서 먼저 함무라비 법전이 전체적으로 어떤 체계를 갖추고 있는지 말씀해 주시기 바랍니다.

신안목 변호사　네, 판사님. 함무라비 법전의 맨 앞부분에는 전문이 나옵니다. 전문에는 함무라비 왕의 업적, 신의 명령에 따라 법전을 제정하게 된 사실, 그리고 법전을 만들게 된 입법 목적이 기술되어 있습니다. 이어지는 본문은 총 282개 조항으로 구성되어 있는데, 형법에 관한 내용, 경제 생활에 관한 내용, 가족 관계에 관한 내용, 다양한 직업의 보수와 임금에 관한 내용, 노예에 관한 내용 등이 포함되어 있습니다. 마지막으로 후문에는 후대의 왕들에게 법전을 준수하고 보존할 것을 전하는 내용이 담겨 있습니다.

종합해 보면, 함무라비 법전은 약 2300년 후에 동로마 제국의 유스티니아누스 황제에 의해 만들어진 시민법 대전을 제외하면 고대 사회의 어떤 법전보다 훌륭한 내용을 담고 있음을 확인하게 됩니다.

판사   법전의 내용이 너무 방대하니까 그 가운데 중요하다고 판단되는 것들만 살펴보기로 할까요? 원고 측 변호인은 함무라비 법전의 특징이 가장 잘 드러나는 규정들을 몇 가지 제시하고 그 내용을 설명해 주시기 바랍니다.

신안목 변호사   먼저 범죄와 형법에 관한 내용부터 설명하겠습니다. 함무라비 법전은 살인이나 절도 등의 범죄에 대해 죄질에 따라 사형이나 신체 절단형과 같은 다양한 형벌을 부과하고 있습니다.

고수해 변호사   신체 절단형이라니요? 도대체 그게 어떤 형벌을 말하는 겁니까?

신안목 변호사   신체 절단형이란 죄를 범한 사람의 신체를 자르는 벌을 말하는데, 심각한 범죄에 대해서만 인정되는 형벌입니다. 자녀가 부모를 폭행한 경우에 자녀의 손을 자르거나, 귀족의 눈이나 이에 상해를 가한 경우에 가해자의 눈이나 이에 똑같은 보복을 하도록 하는 것이 여기에 해당됩니다. 그러나 이러한 형벌은 어디까지나 아이들이 부모를 공경하고 또 다른 사람에게 상해를 입히지 못하게 하려는 것으로, 예방이 주된 목적입니다.

고수해 변호사   아하, 이제야 함무라비 법전의 야만성을 실토하는

군요. 그야말로 '눈에는 눈, 이에는 이'네요. 부모를 폭행했다고 손을 자르고, 피해자의 눈을 다치게 했다고 가해자의 눈에 똑같은 보복을 하다니, 이게 어디 말이나 됩니까?

판사   자, 지금 나온 '눈에는 눈, 이에는 이'라는 동해 보복(同害報復)의 법칙에 관해서는 나중에 다시 다루기로 하고, 여기서는 함무라비 법전에 나타난 다른 형벌 규정들을 좀 더 살펴보기로 합시다. 원고 측 변호인, 함무라비 법전

동해 보복

'눈에는 눈, 이에는 이'로 표현되며, 가해와 복수의 균형을 취하여 개인의 싸움을 종결시키려는 것입니다. 무제한 복수에서 동해 보복으로 제한하여 권력적 질서 아래 두었다는 의미가 있습니다.

에 특별히 주목할 만한 형벌 규정이 또 있습니까?

신안목 변호사 네, 판사님. 먼저 함무라비 법전에는 법관이 이미 확정된 판결을 바꾸는 것을 금지하고, 이를 위반한 경우 벌금을 물리는 동시에 법관 자격을 잃도록 하는 규정이 있습니다. 이런 규정이 없다면 판결이 확정된 후에 소송에서 진 사람이 법관에게 뇌물을 주거나 협박을 해서 자신에게 유리하게 판결을 바꾸도록 할 수도 있지 않겠습니까?

판사 흠흠. 뇌물을 받고 판결을 바꾸다니, 그런 양심 없는 판사가 있으려고요…….

판사가 헛기침하며 얼굴을 붉히자 신안목 변호사가 손사래를 치며 말했다.

신안목 변호사 물론 우리 정역사 판사님은 절대 그런 비양심적인 일은 하지 않으시겠지요! 그렇지만 만약 한 명의 법관이라도 이러한 요구에 굴복하여 판결을 변경하게 되면, 사람들이 판결을 믿을 수 없게 될 겁니다. 따라서 판결의 공정성과 신뢰성을 확보하고자 확정된 판결을 변경한 법관에게는 원래의 판결에서 부과한 금액의 열두 배에 해당하는 벌금형을 내리고 다시는 법관이 될 수 없도록 했지요. 이것을 보더라도 함무라비 법전이 정의를 실현하고자 얼마나 노력했는지 알 수 있지 않습니까?

판사 법관에 대한 처벌 규정이 있다니 놀랍군요. 하긴 법과 양심에 따라 공정하게 재판하는 것이 법관의 본분이니, 부당한 판결을 내린 법관을 처벌하는 규정은 이해가 가네요.

고수해 변호사　　판사님! 판사님께서는 지나치게 원고 측의 주장에 치우쳐서 심리를 진행하시는 것 같습니다. 좀 더 공정한 입장에서 재판을 진행해 줄 것을 요청하는 바입니다!

판사　　아니, 내가 지금 편파적으로 재판을 진행하고 있다는 말씀입니까? 원고 측 주장에 이의가 있으면 피고 측에서 반론을 제기하면 될 것 아닙니까? 언제 내가 피고 측의 반론을 가로막은 적이 있습니까?

고수해 변호사　　저, 그렇지는 않습니다만…….

판사　　피고 측 변호인, 반론이 있습니까, 없습니까?

고수해 변호사　　이 문제에 대해서는 반론이 없습니다.

판사　　그럼 다음 문제로 넘어가겠습니다. 일상생활에서 가장 중요한 매매나 **임대차**에 관해 함무라비 법전이 어떻게 규정하고 있는지 궁금합니다.

신안목 변호사　　예나 지금이나 인간은 생활에 필요한 물건을 사고파는 활동을 합니다. 물건을 사고파는 행위는 인간 생활에서 없어서는 안 되는 가장 기본적인 경제 활동으로, 함무라비 법전은 매매에 관한 많은 규정을 두고 있습니다. 놀라운 것은, 함무라비 법전에서는 매매에 관한 계약을 체결할 때 반드시 계약서를 작성하도록 했다는 점입니다.

임대차

예를 들어, 건물의 주인이 집세를 받고 다른 사람에게 그 건물을 사용하게 하는 것을 말해요. 우리들이 흔히 '전세'라고 부르는 것이 바로 임대차에 해당돼요.

종이

최초의 종이는 고대 이집트의 파
피루스입니다. 나일 강변에서 자
라는 파피루스라는 갈대를 이
용해 만들었지요. 이 파피루스
(papyrus)에서 종이라는 영어 단
어 paper가 유래했답니다.

인장

인장이란 일반적으로 도장을 가
리키는 법률 용어로 어떤 사람
의 신분을 증명하기 위한 표시이
지요. 당시의 인장은 지금 사용
되고 있는 것과는 달리 원통 인
장이었어요. 원통 인장이란 둥근
기둥 모양의 돌 옆면에 사람이나
동물의 문양을 새긴 것으로, 점
토판 위에 돌의 옆면을 한 바퀴
굴려서 문양이 새겨지도록 했답
니다.

판사   오호, 지금부터 3700년 전에 이미 계약서를 작성
했다는 겁니까?

신안목 변호사   그렇습니다, 판사님. 함무라비 법전에 따르
면 계약서를 작성하지 않은 경우 매매는 효력이 없습니다.

그런데 당시 메소포타미아에서는 오늘날과 같은 종이
가 없었습니다. 그래서 고대 메소포타미아 인들은 문서를
작성할 때 종이 대신 점토판을 사용했고, 계약서도 점토판
에 작성하였지요. 최근까지도 메소포타미아 지역에서는
계약서로 작성된 점토판들이 많이 발굴되었습니다.

판사   계약서에는 어떤 내용들이 기록되었습니까?

신안목 변호사   사는 사람과 파는 사람의 이름, 사고파는
물건의 종류와 개수, 물건의 값, 물건값을 치른 시간과 장
소 등을 기록하였습니다. 그리고 사는 사람과 파는 사람이
인장을 찍은 후 점토로 만든 봉투에 계약서를 넣어 보관하
였지요. 계약서는 보통 세 부를 써서 사는 사람과 파는 사
람이 각각 한 부씩 보관하고 나머지 한 부는 신전에 보관
하였습니다. 신전에 계약서를 보관한 이유는, 사는 사람이
나 파는 사람이 계약서를 위조하거나 잃어버려 다툼이 발
생했을 때 이를 해결하기 위해서였지요.

판사   당사자 사이의 다툼을 해결하기 위해 계약서를 신
전에 따로 보관하도록 했다니 놀랍군요. 가족 관계에 대해
서는 함무라비 법전이 어떻게 규정하고 있습니까?

신안목 변호사　　함무라비 법전은 가족 관계에 관해 매우 많은 규정을 두고 있기 때문에 그것들을 일일이 다 말씀드리기는 어렵습니다. 따라서 몇 가지 중요한 것만 말씀드리지요. 아시다시피 가족 관계는 기본적으로 결혼을 통해 형성됩니다. 함무라비 법전에 따르면 혼인 또한 계약에 의해 이루어지게 됩니다. 그런데 혼인 계약은 신랑과 신부끼리 맺는 것이 아니라 양가의 아버지 사이에 이루어졌어요. 또한 혼인 계약을 할 때 신랑 쪽에서 신부 쪽에 신부 값을 주는 것이 일반적인 관행이었습니다.

고수해 변호사　　신부 값을 지급하다니요? 그렇다면 신부를 사고판다는 이야기 아닙니까?

신안목 변호사　　물론 그렇게 볼 수도 있습니다. 함무라비 법전을 만든 당시에는 아직도 신부를 사고파는 매매혼의 잔재가 남아 있었던 것이지요. 오늘날에도 세계 곳곳에서 돈을 주고 신부를 사 오는 경우를 볼 수 있지 않습니까? 어떤 관점에서 보면 매매혼은 나름대로 의미 있는 것일 수도 있어요. 여성의 가치를 높게 평가한 것으로 볼 수도 있을 테니까요.

고수해 변호사　　뭐라고요? 그게 어떻게 여성의 가치를 높게 평가한 것입니까? 여성을 물건으로 취급한 것 아닌가요?

판사　　흠. 신부 값 문제는 문화적 차이에서 비롯된 것이니 여기서 더 따지지 맙시다. 원고 측 변호인, 결혼 후 가족 내에서 여성의 법적 지위는 어떠했습니까?

신안목 변호사　　가정에서 여성은 남편과 거의 대등한 지위를 가졌

습니다. 아내는 결코 남편에게 일방적으로 속해 있는 존재가 아니었어요. 예를 들어 남편이 심각한 잘못을 저지르면 아내는 남편과 이혼하고 친정으로 돌아갈 수 있었습니다. 여성이 이혼할 수 있는 권리를 인정한 것이지요. 또 남편과 이혼하거나 남편이 사망한 경우에는 다른 사람과 재혼할 수 있었으며, 남편이 사망한 경우 자녀와 동등하게 남편의 재산에 대한 상속권을 가졌습니다. 심지어 여성이 아이를 낳지 못하는 경우에도 남편은 아내와 이혼할 수 없었고, 단지 후처를 얻을 수 있을 뿐이었지요. 후처를 얻은 경우에도 남편은 본처와 함께 살면서 본처를 부양해야 했습니다.

판사   그렇군요. 그럼 상속에 대해서는 어떻게 규정하고 있나요?

신안목 변호사   함무라비 법전은 상속과 관련하여 균분 상속의 원칙을 규정하고 있습니다. 균분 상속의 원칙이란 아들과 딸, 장남과

차남이 아무런 차별을 받지 않고 똑같이 상속받는 것을 말합니다.

고수해 변호사　　그렇다면 그 당시에 이미 딸과 아들이 동등하게 상속권을 지녔다는 말입니까?

신안목 변호사　　네, 그렇습니다. 물론 함무라비 법전에 직접적으로 딸과 아들이 동등한 상속권을 갖는다는 규정이 있는 것은 아닙니다. 하지만 점토판에 나타난 자료들을 종합해 볼 때, 딸도 아들과 동등한 상속권을 가졌던 것으로 보인다는 것이지요.

판사　　가족 관계에 관한 규정은 이 정도로 해 두고 다음 문제로 넘어갑시다. 앞에서 원고 측 변호인은 함무라비 법전이 여러 직업의 보수와 임금에 관해서도 규정하고 있다고 했는데, 사실입니까?

신안목 변호사　　그렇습니다. 함무라비 법전에는 의사, 수의사, 건축가, 양치기, 농부부터 하루 벌어 하루 먹고사는 날품팔이에 이르기까지 다양한 직업에 종사하는 사람들의 보수와 임금을 정한 규정이 있습니다.

판사　　몇천 년 전에 벌써 동물의 병을 고치는 수의사란 직업이 있었다니…… 오호, 다양하기도 하네요. 그럼 여러 직업 가운데 수의사의 보수와 날품팔이의 임금에 관한 내용을 들어 볼까요?

신안목 변호사　　당시 메소포타미아에서는 소나 양, 당나귀와 같은 가축을 많이 길렀지요. 그런데 가축들을 방목하다 보면 가축이 병에 걸리거나 다치는 경우가 적지 않았습니다. 가축이 소중한 재산인데 병든 가축을 그냥 두고 볼 수 없어서 수의사에게 치료를 맡기는 경우가 많았습니다. 수의사가 수술을 하여 가축을 완치시킨 경우에는

가축 주인에게 6분의 1세켈을 치료비로 받도록 하였습니다(함무라비 법전 제224조).

이와 같이 수의사의 보수를 법으로 정한 것은 한편으로는 수의사의 적정한 수입을 보장해 주기 위한 것이고, 다른 한편으로는 지나치게 많은 치료비를 받지 못하도록 제한한 것입니다.

판사　만약 의사가 치료를 잘못하여 가축이 죽으면 어떻게 되나요?

신안목 변호사　그런 경우에는 수의사가 가축 주인에게 가축 가격의 4분의 1을 배상하도록 하였습니다(함무라비 법전 제225조). 수의사가 잘못해서 가축이 죽었으니 수의사에게 책임을 묻는 것은 당연하겠죠.

판사　수의사의 경우는 그렇고, 그렇다면 일용 노동자의 임금은 얼마로 정해져 있었습니까?

신안목 변호사　일용 노동자의 임금은 계절에 따라 다릅니다. 일용 노동자는 1월에서 5월까지는 고대 바빌로니아의 화폐로 하루에 6세켈의 임금을 받았고, 6월에서 12월까지는 하루에 5세켈의 임금을 받았습니다. 일용 노동자의 임금이 이처럼 계절에 따라 차이가 있는 것은, 계절에 따라 낮의 길이가 다르고 작업 환경도 다르기 때문입니다.

고대 메소포타미아에서 새해는 춘분에 시작됩니다. 따라서 1월은 지금의 3월 하순에서 4월 중순까지이지요. 그래서 1월부터 5월까지는 봄에서 여름에 해당하는 기간인데, 낮의 길이가 길고 날씨도 덥기 때문에 하루 임금이 높은 것이지요. 반면 6월부터 12월까지는 가을에서 겨울에 해당하는 기간이기 때문에 낮의 길이도 짧고 날씨도 그리 덥지 않았습니다. 그래서 하루 임금이 낮은 것입니다.

판사　오호, 그랬군요. 그런데 함무라비 법전에는 노예에 관한 규정도 있다고 하셨죠? 그 규정에 관해서 간단히 설명해 주시겠습니까?

신안목 변호사　함무라비 법전에는 노예와 관련한 여러 규정들이 있습니다. 그 가운데 특징적인 것 한 가지만 말씀드린다면, 함무라

고대 바빌로니아의 화폐
바빌로니아에는 8.34그램 무게의 '금' 세켈과 30킬로그램 무게의 '빌투'라는 기본 금속 단위가 있었어요. 수학적 능력이 아주 뛰어났던 이곳 사람들은 '미나'라는 제3의 무게 단위도 사용했지요. 이 세 가지 단위는 서로 다음과 같은 상관 관계가 있답니다.
180세 = 1세켈(8.34g)
60세켈 = 1미나(500.40g)
60미나 = 1빌투(30024.00g)
지금도 이스라엘에서는 '세켈'을 화폐 단위로 쓰고 있어요. 2010년 3월을 기준으로 1세켈은 약 305원 정도입니다.

비 법전은 노예의 인격을 제한적으로나마 인정하고 있다는 것입니다. 그에 비해 고대 그리스와 로마에서는 노예의 인격을 인정하지 않고 마치 짐승처럼 취급하였지요.

판사   아니, 고대 메소포타미아에서 노예도 인간이라는 사실을 인정했단 말입니까? 지금이야 당연한 일이지만, 고대에는 노예를 짐승처럼 생각했다는 일반적인 상식과 매우 다른 것 같은데요.

신안목 변호사   그렇습니다, 판사님. 함무라비 법전 제175조는 "남자 노예가 자유인인 여자와 혼인한 경우에 남자 노예의 주인은 이들 사이에 태어난 자녀를 노예로 취급해서는 안 된다"고 규정하고 있습니다. 이 규정을 통해서 우리는 몇 가지 중요한 사실들을 알 수 있습

왜 함무라비 법전을 만들었을까?

니다. 먼저 노예와 자유인 사이에 혼인이 가능했다는 것입니다. 만일 노예의 인격성을 인정하지 않는다면 노예와 자유인 사이에 혼인을 허용할 수 없지요. 사람과 짐승 사이에 혼인을 인정하지 않듯이 말입니다. 그런데 이처럼 혼인을 허용한 것은 노예의 인격성을 제한적으로나마 인정한 것으로 볼 수 있지요.

판사 근대에 들어 신분제가 없어지기 전까지 대부분 같은 신분끼리만 결혼이 가능했던 걸 생각해 보면 과연 놀라운 규정이군요.

신안목 변호사 그렇습니다. 또한 앞서 말했듯이 이 규정을 통해 남자 노예와 자유인 여자 사이에 태어난 자녀는 자유인의 신분을 가지며, 따라서 노예로 취급할 수 없도록 하고 있습니다. 노예의 피가 섞인 사람을 모두 노예로 취급하는 것이 고대 사회의 일반적인 관행이었지만, 고대 메소포타미아에서는 적어도 어머니가 자유인이면 자녀에게도 자유인의 신분을 부여하였던 것입니다.

고수해 변호사 판사님, 원고 측 변호인은 남자 노예와 자유인 여자 사이에 혼인을 허용하는 예외적인 규정을 가지고 마치 함무라비 법전이 노예를 인도적으로 대우한 것처럼 사실을 왜곡하고 있습니다. 시정해 주시기 바랍니다.

판사 듣고 보니 피고 측 변호인의 지적도 그럴듯하군요. 원고 측 변호인에게 묻지요. 함무라비 법전은 정말로 노예를 인도적으로 대우하고 있습니까?

신안목 변호사 피고 측 변호인이 지적한 대로 함무라비 법전이 노예를 완전한 인격체로 대우한 것은 아닙니다. 노예는 자유인과 구별

되는 하층 계급으로서 주인의 소유물로 여겨지는 것이 일반적이었지요. 단지 그리스와 로마의 노예와 비교할 때 메소포타미아의 노예가 상대적으로 인격성을 약간 더 인정받았다는 것이지 노예가 완전한 인간으로 대우받았다는 것은 아닙니다.

판사　　그럼 노예가 주인에게 반항하는 경우 노예를 어떻게 처리했습니까?

신안목 변호사　　함무라비 법전의 마지막 조항인 제282조는 노예가 주인에게 반항하면 노예의 귀를 자르도록 하고 있습니다. 여기서 귀를 자르도록 한 것은 반항한 노예에게 육체적 고통을 주는 것이기도 하지만 다른 상징적인 의미도 갖습니다. 주인에게 반항한 못된 노예라는 표시를 하는 것이죠.

판사　　그런데 생각해 보면 주인에게 반항하다 도망간 노예를 숨겨 주는 사람도 있었을 것 같은데, 이 경우에는 어떻게 처리했습니까?

신안목 변호사　　함무라비 법전은 노예를 도주하게 하거나 도주한 노예를 숨겨 주는 행위를 절도로 간주하여 사형에 처하도록 하고 있습니다.

고수해 변호사　　아니, 도망친 노예는 그렇다 치고, 노예를 숨겨 준 사람을 사형에 처한단 말입니까? 너무 가혹한 처벌 아닌가요?

신안목 변호사　　물론 지금의 관점에서 보면 가혹한 처벌이라고 할 수 있겠죠. ▶그러나 당시 사회 질서의 기본 바탕을 이루고 있던 노예 제도를 유지하기 위해서는 그렇게 할

왜 함무라비 법전을 만들었을까?

수밖에 없었다고 봅니다. 그리고 노예는 중요한 재산이었기 때문에 재산 보호 차원에서 엄한 처벌이 필요했던 것이기도 하고요.

판사 함무라비 법전이 어떤 내용을 가지고 있는지 이제 알 것 같습니다. 지금까지 심리한 것을 종합해 보면 다음과 같은 결론을 내릴 수 있네요.

첫째, 함무라비 법전은 사회 생활의 다양한 영역에 관해 매우 방대한 내용을 담고 있는 법전이라는 것입니다.

둘째, 함무라비 법전은 정의의 실현이나 사회적 약자의 보호, 삶의 질 향상이라는 입법 목적을 실현하는 데 적합한 규정들을 두고 있다는 것입니다.

셋째, 함무라비 법전은 고대 사회의 다른 법전과 마찬가지로 노예 제도를 인정하지만, 부분적으로는 노예의 인격성을 인정한다는 것입니다.

자, 그럼 오늘은 여기서 마치기로 하고 다음 재판에서는 함무라비 법전의 특징으로 알려진 '눈에는 눈, 이에는 이'라는 원칙이 과연 야만적인 원칙인지를 살펴보겠습니다. 그리고 함무라비 법전에 진보적인 내용은 없는지도 살펴보기로 하겠습니다.

땅, 땅, 땅!

메소포타미아의 달력

현재 우리나라의 달력	계절	고대 메소포타미아의 달력
1월	겨울	10월
2월		11월
3월	봄	12월
4월		1월
5월		2월
6월	여름	3월
7월		4월
8월		5월
9월	가을	6월
10월		7월
11월		8월
12월	겨울	9월
		10월

다알지 기자

함무라비 대 무르실리스의 재판, 그 두 번째 심리에서는 원고 함무라비가 법전을 만든 목적은 무엇인지, 그리고 법전에서 다루고 있는 주요 내용이 무엇인지에 대한 열띤 공방이 펼쳐졌습니다. 원고 함무라비가 직접 법전을 만들게 된 배경을 설명했지요. 그는 자신이 바빌로니아 왕국의 태양신 샤마슈로부터 법전을 만들라는 신탁을 받았고, 잦은 전쟁으로 살기 힘들어진 백성들이 사람다운 삶을 살 수 있도록 법전을 제정하게 되었다고 주장했습니다. 또한 함무라비 법전의 전문에는 정의의 실현, 사회적 약자 보호, 백성들의 삶의 질 향상이라는 목적이 적혀 있으며, 이 목적을 달성하기 위한 다양한 법 조항들을 만들었다고 합니다. 그럼 이번 재판에서 팽팽한 공방을 벌이고 있는 두 변호사, 신안목 변호사와 고수해 변호사에게 소감을 물어보도록 하지요.

신안목 변호사

오늘은 예상대로 순조롭게 진행된 듯합니다. 변호는 경험보다는 재판 준비를 얼마나 열심히 했는지가 중요하지요. 애송이라고 놀리며 저를 만만하게 보던 고수해 변호사가 제 말에 꼼짝 못하는 것 보셨지요? 이번 재판에서는 '눈에는 눈, 이에는 이'라는 말이나 신체 일부를 자르는 형벌 조항으로만 유명했던 함무라비 법전에, 물건을 사고팔 때 지켜야 할 점들과 다양한 직업들의 보수를 정한 조항, 노예의 인격성을 인정하는 조항 등 여러 내용이 들어 있다는 것을 밝힐 수 있어 매우 의미 있었습니다.

　　왜 함무라비 법전을 만들었을까?

함무라비 법전을 만든 것이 신의 명령 때문
이었다니……. 신이 입법권을 주었다고 주장하
는 함무라비의 그 거만한 표정 보셨나요? 전쟁을 벌
여 정복한 사람들을 억압하려고 법전을 만들었으면서 말이죠. 오늘 함
무라비의 음흉한 속마음을 제대로 파헤치지 못해 아쉽습니다. 역사 교
과서에도 함무라비가 메소포타미아 지역을 통일하고 넓어진 영토를
다스리기 위해 엄격한 법전을 만들었다고 나와 있습니다. 다시 말해
이는 정복한 사람들을 바빌로니아 왕국의 질서에 억지로 적응시키려
했던 것을 돌려 말한 것 아닌가요? 다음 재판에서는 '눈에는 눈, 이에
는 이'라는 유명한 말에 드러나는 함무라비 법전의 야만성에 대해 낱
낱이 밝히도록 하겠습니다.

함무라비 법전은
야만적인 법전일까?

1. '눈에는 눈, 이에는 이'라는 탈리오 법칙이 야만적일까?
2. 함무라비 법전에 진보적인 내용은 없을까?

'눈에는 눈, 이에는 이'라는
탈리오 법칙이 야만적일까?

판사   자, 드디어 재판 마지막 날입니다.

　일반적으로 함무라비 법전 하면 가장 먼저 떠오르는 것이 바로 '눈에는 눈, 이에는 이'라는 원칙이지요? 이 원칙을 로마에서는 탈리오 법칙(lex talionis)이라고 불렀으며, 동해 보복의 법칙, 또는 동태 보복의 법칙이라고도 부릅니다. 이제 이 탈리오 법칙이 과연 야만적인 원칙인가 하는 것에 대해 검토해 보겠습니다. 먼저 원고 측 변호인, 이 원칙이 함무라비 법전에 어떻게 규정되어 있는지 설명해 주시기 바랍니다.

신안목 변호사   함무라비 법전은 상해죄와 관련하여 탈리오 법칙을 규정하고 있는데요. ▶함무라비 법전 제196조는 어떤 사람이 귀족의 눈에 상해를 가한 경우 가해자의 눈에 똑같이 상해를 가하도록 규정하고 있습니다. 또 제197조는 귀족의 뼈에 상해를 가하면 가해자의 뼈에 상해를 가하도록 규정하고 있고요. 그리고 제200조는 귀족의 이에 상해를 가하면 가해자의 이에 동일한 상해를 가하도록 하고 있습니다. 따라서 탈리오 법칙은 '눈에는 눈, 뼈에는 뼈, 이에는 이'라고 표현해야 정확하지만, 줄여서 '눈에는 눈, 이에는 이'라고 표현하는 것이지요.

갑자기 피고인 무르실리스가 벌떡 일어나더니 격앙된 목소리로 판사에게 청했다.

무르실리스　　판사님, 함무라비는 법전의 전문과 후문에서 자기가 잘한 일들을 늘어놓으며 스스로를 위대한 왕이라고 치켜세웠습니다. 그런 그가 이렇게 야만적인 형벌을 규정하고 있다니 도대체 이해할 수가 없습니다. 이러고도 함무라비를 위대한 왕이라 칭하고 함무라비 법전을 훌륭한 법전이라고 말할 수 있겠습니까? 이것은 아무리 생각해 봐도 터무니없는 역사 왜곡입니다. 판사님, 철저한 심리를 통해 함무라비 법전이 얼마나 야만적인 법전인가를 명명백백하게 밝혀 주시기를 강력하게 요청합니다!

판사　　좋습니다. 역사적 진실을 밝히는 것이 본 재판의 목적이니 차근차근 따져 보기로 합시다. 그런데 먼저 피고에게 한 가지 묻겠습니다. 피고도 히타이트 법전이라는 법

교과서에는

▶ 함무라비 법전은, "만일 누가 남의 눈을 멀게 했으면 그의 눈을 멀게 한다", "만일 남의 뼈를 부러뜨렸으면 그의 뼈를 부러뜨린다"는 조항에서 알 수 있듯이 동일한 형태의 보복을 인정한 법전으로 알려져 있습니다.

그래도
'눈에는 눈, 이에는 이'라는
탈리오 법칙은
야만적이라고!

전을 제정하였는데, 여기서는 눈과 이의 상해에 대해 어떤 형벌을
부과하고 있습니까?

무르실리스　　내가 제정한 히타이트 법전에서도 상해죄를 처벌하
고 있기는 합니다. 그러나 함무라비 법전에 비해 훨씬 인도적인 형
벌을 부과하고 있지요. 히타이트 법전 제7조는 다른 사람의 눈이나
이에 상해를 가한 자는 피해자에게 20셰켈을 지급하도록 규정했습
니다. 나는 가해자에게 동일한 보복을 하는 것이 너무 야만적이라고

생각했기 때문에 탈리오 형을 폐지하고 대신 돈으로 배상하도록 했습니다.

판사 그렇군요. 피고가 제정한 법전이 함무라비 법전보다는 한층 진보적이라고 할 수 있겠군요. 원고 측 변호인, 그렇지 않습니까?

신안목 변호사 저의 생각은 다릅니다. 물론 상해죄에 대해 탈리오 형을 적용하는 것보다는 돈으로 갚도록 하는 것이 더 진보적인 것처럼 보일 수도 있습니다. 그러나 중요한 것은 탈리오 법칙이 어떤 근거에서 나온 원칙인가를 이해해야만 합니다. 그래야만 그것이 진보적인지 아닌지를 평가할 수 있기 때문입니다. 탈리오 법칙의 근거가 무엇인가를 따지지도 않고 무조건 탈리오 법칙을 야만적이라고 단정하는 것은 성급한 일입니다.

판사 그렇다면 원고 측 변호인, 탈리오 법칙의 근거는 도대체 무엇입니까?

신안목 변호사 탈리오 법칙의 근거를 말씀드리기 전에 형벌이 어떠한 단계를 거쳐 발전해 왔는지를 먼저 설명하고자 합니다. 형벌의 발전 단계를 제대로 이해하게 되면 탈리오 법칙이 등장한 배경을 자연히 알 수 있으니까요.

판사 좋습니다. 말씀해 보세요.

신안목 변호사 원래 형벌은 지금과는 달리 국가가 부과하는 것이 아니었습니다. 국가가 형성되지 않은 단계에서 형벌은 피해자 혹은 피해자가 속해 있는 집단, 예를 들면 가족이나 씨족이 가해자에게 보복하는 형태로 나타났지요.

만약 다른 씨족의 구성원이 우리 씨족의 구성원을 살해하면, 우리 씨족이 다른 씨족의 구성원을 살해하는 것입니다. 형벌을 부과할 국가가 없으니 피해자나 그 집단이 가해자에게 직접 보복할 수밖에 없지요. 그러다 보니 보복의 대상이나 범위에 제한이 없다는 문제가 생겼습니다.

판사   보복에 제한이 없다는 것이 무슨 뜻인가요?

신안목 변호사   가령 다른 씨족의 A라는 사람이 우리 씨족의 B를 살해한 경우 우리 씨족은 가해자인 A뿐만 아니라 A가 속해 있는 씨족의 다른 구성원에게 보복할 수 있다는 것입니다. 또 우리 씨족 한 사람이 살해되었다고 A네 씨족 여러 명을 살해할 수도 있는 일이고요. 이와 같이 최초의 형벌은 대상과 범위를 가리지 않고 보복하는 무한 보복의 형태로 나타났던 것입니다.

고수해 변호사   무한 도전도 아니고…… 무한 보복이오? 그럼 신 변호사, 최초의 형벌이 무한 보복의 형태로 나타났다는 것을 증명할 수 있습니까?

신안목 변호사   국가가 형성되기 이전에 나타났던 형벌은 기록이 없어서 직접적으로 증명하기는 어렵습니다. 하지만 무한 보복이 일어났었다는 것을 추정할 수 있는 근거는 여러 가지가 있습니다. 오늘날에도 흔히 나타나는 현상이지만, 아이들 싸움이 어른 싸움이 되고, 개인 사이의 싸움이 패싸움이 되는 경우가 얼마나 많습니까? 국가 간의 전쟁도 사소한 사건에서 비롯되는 경우가 다반사고요. 실제로 원시적인 생활을 하는 아프리카나 남태평양 지역 부족들 사이에

서는 아직까지 이런 현상들이 관찰되기도 합니다.

판사　역사적 사실이 반드시 직접적인 증거에 의해 확정될 수 있는 것은 아니지요. 때로는 역사적 상상력을 발휘할 필요도 있습니다. 그렇게 보면 원고 측 변호인의 주장이 터무니없는 것 같지는 않네요. 일단 인정하기로 합시다.

신안목 변호사　감사합니다, 판사님. 흠흠. 쉽게 짐작할 수 있듯이 무한 보복은 심각한 문제를 발생시킵니다. 만일 무한 보복을 허용하면 피해자 집단은 가해자 집단에 대해 자신이 당한 피해보다 훨씬 심한 보복을 하게 됩니다. 그러면 보복을 당한 가해자 집단 역시 가만히 있지 않겠지요. 자신들이 당한 보복보다 더 큰 보복을 가하려고 하지 않겠습니까? 결국 보복의 악순환이 일어나게 되고, 두 집단 모두 돌이킬 수 없는 피해를 입게 됩니다.

판사   듣고 보니 그렇군요.

신안목 변호사   여기서 우리 인류는 나름대로 지혜를 발휘합니다. 무한 보복이 보복의 악순환을 초래한다는 것을 자각하면서 보복의 대상과 범위를 제한해야 할 필요성을 인식하게 된 것이지요. 그래서 보복의 대상을 제한하여 가해자에 대해서만 보복할 수 있도록 하고, 보복의 범위도 제한하여 피해자가 입은 피해의 범위까지만 보복할 수 있도록 한 것입니다. 이렇게 보복의 대상과 범위를 제한한 것이 바로 탈리오 법칙입니다.

판사   원고 측 변호인의 설명이 상당히 설득력이 있는 것 같은데요. 그렇지 않습니까?

고수해 변호사   판사님, 절대 그렇지 않습니다! 보복의 대상이나 범위가 제한되었다고 해서 본질이 달라지는 것은 아닙니다. 보복은 어디까지나 보복일 뿐이니까요. 형벌을 보복으로 보는 것 자체가 지극히 야만적인 관점입니다. 죄는 미워도 인간은 미워하지 말라는 말이 있지 않습니까? 형벌의 역할은 죄인을 교화시켜서 정상적인 생활을 할 수 있도록 사회에 복귀시키는 것이어야 합니다. 어떻게 보복이 형벌이 될 수 있습니까? 인간이 이성적인 존재라는 것을 인정한다면, 보복은 절대 형벌로 인정할 수 없습니다!

신안목 변호사   고 변호사의 논리에 따르면, 인간은 이성적인 존재이기 때문에 범죄도 저지르지 않겠군요. 그런데 실제로는 어떻습니까? 인류의 역사에서 범죄가 사라진 적이 있습니까? 오히려 범죄는 더욱 증가하고 있고 또 날로 흉포해지고 있지요. 이처럼 인간 사회

왜 함무라비 법전을 만들었을까?

에서 범죄가 사라지지 않는 이상 형벌은 꼭 필요합니다.

그렇다면 형벌이라는 것이 무엇입니까? 피해자가 입은 고통을 간접적으로나마 덜어 주기 위해 가해자에게 적절한 고통을 가하는 것입니다. 형벌이 없으면 피해자만 억울하게 고통을 당할 것입니다. 인간이 이성적인 존재라면 피해자가 일방적으로 고통을 당하는 사태를 막아야 하는 것 아니겠습니까?

다른 관점에서 한번 생각해 봅시다. 만일 형벌을 통해 가해자에게 적절한 고통을 가하지 않는다면 누구나 범죄의 유혹에 빠지게 되겠지요. 범죄를 저질러도 아무런 벌을 받지 않는다면 범죄를 저지르지 않을 사람이 얼마나 되겠습니까? 따라서 형벌은 가해자에게 고통을 가함으로써 범죄를 예방하는 효과도 갖게 되는 것입니다. 이렇게 본다면, 피해자의 고통을 덜어 주고 범죄를 예방하기 위해 형벌이 꼭 필요한 것이지요.

고수해 변호사　　신 변호사, 당신은 마치 내가 형벌 자체가 필요 없다고 주장하는 것처럼 몰아가시는군요. 내 주장은, 형벌이 필요하기는 하지만 신체에 대해 동일한 보복을 가하는 것은 지나치게 잔인하다는 것입니다.

신안목 변호사　　좋습니다. 그럼 지금까지의 주장을 정리하기 위해 고 변호사에게 묻겠습니다. 고 변호사, 형벌의 필요성은 인정하지요?

고수해 변호사　　물론 인정합니다.

신안목 변호사　　그럼 형벌이라는 것이 가해자에게 일정한 고통을 가하는 것이라는 점도 인정하지요?

고수해 변호사　문제는 어떤 고통을 주느냐 하는 것 아니겠습니까?

신안목 변호사　그렇다면 다시 묻겠습니다. 형벌이 가해자에게 이익을 주거나 즐거움을 주는 것이 되어서는 안 되겠지요?

고수해 변호사　형벌이 이익이나 즐거움을 주는 것이라면 그것을 어디 형벌이라고 할 수 있겠습니까? 신 변호사, 말이 되는 소리를 해야지요! 문제는 어떤 고통을 가하느냐 하는 것입니다.

두 변호사의 말싸움이 길어지자 판사가 심각한 표정으로 이들을 말렸다.

판사　두 분 변호사는 좀 진정하세요. 이렇게 정리하면 될 것 같습니다. 범죄라는 것이 타인에게 고통을 가하는 것이기 때문에 가해자에게 일정한 고통을 가하는 형벌이 필요하다는 것은 양측 모두 인정하고 있습니다. 그렇다면 가해자에게 '어떤 고통을 가하는 것이 정당한가'라는 문제가 남는데, 이제 이 문제로 넘어가기로 하지요. 원고측 변호인은 어느 정도의 고통을 가하는 것이 적정하다고 봅니까?

신안목 변호사　제가 생각하기에 가해자가 피해자에게 입힌 고통과 똑같은 고통을 가하는 것이 적정하다고 봅니다. 만일 가해자에게 피해자가 당한 고통보다 지나치게 많은 고통을 준다면 가해자가 억울하다고 생각할 것입니다. 또 가해자에게 피해자가 당한 고통보다 적은 고통을 주면 피해자가 억울하다고 생각할 테고요. 따라서 형벌은 피해자의 고통보다 더 크지도 더 작지도 않은, 동일한 고통을 가해야 합니다. 이것이 흔히 말하는 중용의 이치에 맞는 것이겠지요. 고 변호사, 그렇지 않습니까?

고수해 변호사　　뜬금없이 중용 이야기는 왜 합니까? 여기가 철학 법정도 아니고……. 신 변호사, 한 가지 묻겠습니다. 가해자에게 피해자가 당한 고통만큼의 형벌을 부과해야 한다는 것을 인정한다 하더라도, 그 형벌이 반드시 같은 신체 부위에 가해하는 것이어야 할 이유가 있습니까?

신안목 변호사　　생각해 봅시다. 가해자에게 피해자가 당한 고통과 똑같은 고통을 형벌로 부과해야 한다고 할 때, 피해자의 고통과 가해자의 고통을 같게 만드는 가장 확실한 방법이 무엇이겠습니까? 같은 신체 부위에 똑같이 가해하는 것이 가장 확실한 방법 아닐까요? 살인죄를 예로 들어 보지요. 가해자가 다른 사람의 생명을 앗아갔으니 가해자를 사형에 처하는 것이 가해자와 피해자, 두 사람의 고통을 같게 만드는 가장 확실한 방법 아니겠습니까?

고수해 변호사　　제가 주장하는 것은 살인범을 사형에 처하는 것 말고도 살인범에게 동일한 고통을 가하는 방법이 있다는 것이지요. 범인을 죽을 때까지 교도소에 가두어 두는 종신형도 있지 않겠습니까?

신안목 변호사　　물론 살인죄를 범한 사람에게 종신형을 부과하는 나라도 많이 있지요. 하지만 종신형은 엄밀한 의미에서 피해자가 당한 것과 똑같은 고통이라고 할 수 없습니다. 종신형을 선고받은 사람은 평생 교도소에 갇혀 있기 때문에 자유를 빼앗기기는 하지만 목숨은 유지할 수 있으니까요. 고 변호사, 한 가지 묻겠습니다. 당신이

중용
지나치거나 모자람이 없으며 한 쪽으로 치우치지도 않는 떳떳하고 변함이 없는 상태를 말해요.

만일 살인죄를 범했다고 가정했을 때 어느 쪽 형벌을 택하고 싶습니까? 사형입니까, 아니면 종신형입니까?

고수해 변호사　　글쎄요. 나야 살인죄를 범할 가능성이 없으니까 이런 선택을 해야 할 경우는 발생하지 않겠지만, 아무래도 종신형을 선택하겠지요.

신안목 변호사　　보십시오. 고 변호사도 종신형을 선택한다고 하지 않습니까? 고 변호사도 사형이 종신형보다 더 큰 고통이라고 인정하는 것이지요. 그렇다면 살인을 당한 사람의 고통과 똑같은 고통을 가해자에게 부과하는 방법은 역시 사형뿐이지 않겠습니까?

고수해 변호사　　그러니까 신 변호사는 살인에 대해서는 반드시 사형을 부과해야지, 종신형을 내리면 안 된다는 겁니까?

신안목 변호사　　제 말은 살인을 당한 사람의 고통과 똑같은 고통을 부과하는 방법이 사형이라는 것이지, 종신형이 잘못됐다는 것은 아니지요. 종신형도 나름대로 장점이 있긴 합니다.

고수해 변호사　　오호, 그래요? 신 변호사가 종신형을 다 인정하다니, 내일은 해가 서쪽에서 뜨겠군요.

신안목 변호사　　이봐요, 고 변호사! 그렇게 사람의 말뜻을 왜곡하면 안 되지요. 내가 종신형을 받아들이는 이유는 다른 데 있어요.

고수해 변호사　　그래요? 그럼 어디 그 이유나 들어 봅시다.

신안목 변호사　　사람은 누구나 실수할 수 있습니다. 재판하는 법관역시 사람이기 때문에 실수할 수 있지요. 가령 어떤 법관이 살인죄를 짓지 않은 사람을 살인자로 오해하여 사형 판결을 내렸다고 합시

다. 그런데 판결에 따라 그 사람에게 사형 집행을 한 후에 진범이 잡
히면 어떻게 되겠습니까? 이미 죽은 사람은 살려 낼 수 없지요. 만에
하나라도 이런 결과가 발생하는 것을 막기 위해 종신형이 필요할 겁
니다. 그러나 만일 법관이 잘못된 판단을 할 가능성이 전혀 없다면,
피해자가 당한 고통과 똑같은 고통을 가하는 사형이 더 적합한 형벌
이라고 할 수 있지요.

고수해 변호사　　사형 예찬론자 나섰군요.

신안목 변호사　　아니, 이 사람이 정말! 그렇다면 고 변호사, 당신은
아무리 흉악한 살인범이라도 살려 두어야 한다는 말입니까? 살인범
이 당신 가족을 처참하게 살해한 경우에도 당신은 그 사람을 사형에
처하는 것에 반대한다는 것입니까?

판사　　신 변호사, 흥분을 가라앉히세요. 사형 제도에 찬성하느냐

반대하느냐 하는 것은 여기서 다룰 문제가 아닙니다. 그러니까 그 문제는 재판이 끝난 후에 두 분이 따로 만나서 이야기하세요.

신안목 변호사, **고수해 변호사**   네, 알겠습니다.

판사   그럼 정리해 봅시다. 살인죄에 대해 사형을 부과하는 것이 적어도 피해자가 당한 고통과 같은 고통을 가해자에게 가하는 방법이라는 점은 인정할 수 있을 것 같군요. 하지만 눈이나 이에 상해를 입힌 경우 가해자의 눈이나 이에 상해를 가하도록 한 것은 그래도 잔인한 면이 있는 것 같은데, 원고 측 변호인은 이 점에 대해서 어떻게 생각합니까?

신안목 변호사   판사님, 눈에 상해를 입혔다고 가해자의 눈에 상해를 가하는 것은 지금 관점에서 보면 분명 잔인하게 보일 수 있습니다. 오늘날에는 상해죄를 범한 사람에게 징역형이나 벌금형을 부과하는 것이 일반적이니까요. 그렇지만 형벌이라는 것이 피해자가 당한 고통과 같은 고통을 가해자에게 주는 것이어야 한다는 점을 고려하면, 상해죄에 대해 탈리오 법칙을 인정하는 것은 너무나 당연한 것 아니겠습니까? 다른 사람의 눈을 다치게 한 사람에게 그의 눈을 다치게 하는 것은 당연하지요. 자업자득(自業自得)이고 '뿌린 대로 거두는 것'일 뿐입니다.

고수해 변호사   잘도 끌어다 붙이는군요. 그럼 신 변호사는 상해죄에 대해 징역형이나 벌금형을 부과하는 지금의 형법 규정을 탈리오 법칙으로 바꾸자는 이야기입니까?

신안목 변호사   이봐요, 고 변호사! 법이라는 것도 시대에 따라 달라지는 걸 모르시오? 시대가 변하면 법도 변하고 형벌도 변한다는 것은 상식 아닌가요? 21세기에는 21세기에 맞는 법이 있고, 기원전 1800년에는 그 시대에 맞는 법이 있는 것이지요.

내 말은, 함무라비 법전은 기원전 1800년 무렵 메소포타미아 사회에 맞는 법이었고, 당시 사람들은 상해죄에 대해 탈리오 형을 부과하는 것이 정당하다고 믿었다는 것이지요. 그렇지만 21세기 사회에서 누가 상해죄에 대한 형벌을 탈리오 형으로 부과하는 것이 정당하다고 생각할까요? 내가 상해죄에 대해 탈리오 형을 부과하도록 형법 규정을 바꾸어야 한다고 생각할 만큼 시대에 뒤떨어진 사람으로 보입니까?

고수해 변호사   신 변호사, 법이 시대에 따라 변한다는 것을 인정하더라도, 이나 눈에 대한 상해죄에 탈리오 형을 부과하는 것은 잔인하다고 생각하지 않아요?

신안목 변호사   물론 지금의 제 입장에서 보면 탈리오 형에 잔인한 면이 있다는 것을 부인하지는 않습니다. 다만 함무라비 법전에 나타난 탈리오 법칙이 당시 사람들의 일반적인 정의 관념을 반영하고 있다는 것을 인정하자는 것입니다.

그리고 ▶함무라비 법전에는 피해자의 입장을 고려하여 탈리오 법칙을 적용하지 않고 피해자에게 손해 배상을 하

교과서에는

▶ 교과서에서는 함무라비 법전과 오늘날 우리나라의 법을 다음과 같이 비교하고 있습니다.

함무라비 법전의 조항
- 남의 눈을 멀게 한 경우 그의 눈을 멀게 한다.
- 노예가 평민의 뺨을 치면 그의 귀를 자른다.
- 남의 노예의 눈을 멀게 하거나 뼈를 부러뜨리면 노예 가격의 절반을 지불한다.
- 귀족이 평민의 눈을 멀게 하거나 뼈를 부러뜨리면 은 1미나를 지불한다.

오늘날 우리나라의 법 조항
- 남을 다치게 한 자는 7년 이하의 징역, 10년 이하의 자격 정지, 또는 1000만 원 이하의 벌금에 처한다.
- 실수로 남을 죽게 한 자는 2년 이하의 금고, 또는 700만 원 이하의 벌금에 처한다.
- 사람을 죽인 자는 사형, 무기 또는 5년 이상의 징역에 처한다.

도록 한 규정도 있습니다.

판사   아니, 함무라비 법전에 상해죄에 대해 탈리오 법칙을 적용하지 않은 규정도 있다는 말입니까?

신안목 변호사   그렇습니다, 판사님. 상해죄에 대해 탈리오 법칙을 적용하도록 한 것은 피해자가 귀족일 경우뿐이고, 평민이나 노예가 눈이나 이에 상해를 입은 경우에는 손해 배상을 하도록 규정하고 있습니다. 즉, 가해자가 평민의 눈에 상해를 가한 경우에 가해자는 1미나를 배상하여야 하고(함무라비 법전 제198조), 평민의 이에 상해를 가한 경우에는 3분의 1미나를 배상하게 했습니다(함무라비 법전 제201조). 또 노예의 눈에 상해를 가하면 노예 가격의 2분의 1을 배상하도록 했지요.

고수해 변호사   흠…… 함무라비 법전에 그런 규정들도 있다니 예상 밖이군요. 왜 그런 규정을 두었을까요?

판사   그 문제는 원고에게 직접 알아보는 것이 좋을 것 같군요. 원고, 상해죄와 관련하여 피해자의 신분에 따라 형벌에 차이를 둔 이유는 무엇입니까?

판사의 질문에 원고석에 앉아 있던 함무라비가 천천히 일어나더니 고개를 끄덕이며 말했다.

함무라비   그 취지를 말씀드리지요. 무엇보다 피해자의 입장을 배려해 그런 차이를 둔 것입니다. 귀족들은 대부분 재산이 많은 부자들이기 때문에 눈이나 이에 상해를 입은 경우 굳이 손해 배상을 받지 않더라도 생계를 유지할 수 있지요.

하지만 평민들은 재산이 별로 없어요. 그래서 열심히 일하지 않으면 생활할 수가 없지요. 그런데 눈이나 이에 상해를 입어 일할 수 없게 되면 어떻게 되겠습니까? 두 눈을 모두 다쳐 앞을 볼 수 없으니 어떤 일도 할 수 없겠지요. 가난한 평민의 경우를 한번 생각해 보세요. 이런 사람에게 정말 필요한 것은 무엇일까요? 탈리오 법칙에 따라 보복하는 것일까요, 아니면 가해자로부터 손해 배상을 받는 것일까요? 어느 쪽이 생활에 직접적으로 도움이 될까요?

판사　　물론 손해 배상을 받는 것이 생활에 도움이 되겠지요.

함무라비　　바로 그렇습니다. 그 사람에게 절실하게 필요한 것은 가해자에게 똑같은 상해를 가하는 보복이 아니라, 생활에 필요한 돈을 받는 것이지요. 그래서 피해자가 평민이나 노예인 경우에는 가해자에게 탈리오 형을 부과하는 대신에 손해 배상을 하도록 한 것입니다.

판사　　일할 수 없는 피해자들이 생계를 꾸려 갈 수 있도록 가난한 평민이나 노예의 경우에는 손해 배상을 받을 수 있게 한 것이군요. 이런 관점에서 보면, 함무라비 법전에 규정된 탈리오 법칙이 당시의 상황에서 지나치게 가혹하다고 말할 수는 없겠네요.

함무라비　　그렇습니다. 판사님, 백성을 사랑하는 국왕으로서 어찌 백성들의 처지를 고려하지 않고 법을 만들었겠습니까?

한 가지 더 말씀드리자면, 당시 전체 인구에서 귀족이 차지하는 비율이 그렇게 높지 않았고, 귀족의 눈이나 이에 상해를 입히는 사

등가성

등가, 즉 가치가 서로 같음을 뜻해요. 그러므로 탈리오 법칙이 범죄와 형벌 사이에 등가성을 확보하기 위한 것이라는 의미는, 가해자가 어떠한 범죄를 저질렀으면 그와 동일한 형벌을 받아야 한다는 뜻이죠.

건이 자주 발생하지도 않았습니다. 따라서 상해죄에 대해 탈리오 법칙이 적용되는 경우는 아주 드물었지요.

이런 점에서 상해죄에 대해 탈리오 법칙을 적용한다고 한 것은 상해죄를 엄하게 처벌한다는 상징적인 의미를 갖는 것입니다. 따라서 함무라비 법전이 모든 상해죄에 대해 탈리오 법칙을 적용한다는 오해는 사라져야 합니다!

판사 정리하면, 피해자의 입장을 고려하여 피해자가 귀족이면 탈리오 법칙을 적용하고, 피해자가 평민이거나 노예라면 손해 배상을 하도록 한 것이군요.

함무라비 그렇습니다.

판사 원고 측 변호인, 함무라비 법전에 상해죄의 경우 말고 탈리오 법칙을 적용한 규정이 있습니까?

신안목 변호사 탈리오 법칙은 범죄와 형벌 사이에 등가성을 확보해야 한다는 정의 관념에 기초하고 있습니다. 그렇기 때문에 탈리오 법칙을 적용할 수 있는 분야는 적지 않습니다. 함무라비 법전에는 상해죄 말고도 탈리오 법칙을 규정한 것이 몇 가지 더 있습니다.

판사 어떤 것들이 있지요?

신안목 변호사 첫째로, 건축업자가 부실 공사를 하여 건물이 무너지고 집주인이 죽었다면 탈리오 법칙을 적용해 건축업자를 사형에 처하도록 했습니다. 또, 집주인의 아들이 죽으면 건축업자의 아들을 사형에 처했지요.(함무라비 법전 제229조, 제230조)

고수해 변호사 잠깐만요. 저는 도대체 이해가 가지 않는데요. 부실

공사로 집이 무너져 집주인이 죽었을 때 건축업자를 사형시키는 것은 말이 된다고 칩시다. 그런데 집주인의 아들이 죽었을 때 건축업자의 아들을 죽이는 것은 납득이 가지 않아요. 건축업자의 아들에게 무슨 잘못이 있다고 사형에 처합니까? 잘못한 사람은 건축업자이니까 건축업자를 사형에 처해야 하는 것 아닌가요?

신안목 변호사   고 변호사가 제법 똑똑한 구석도 있네요. 그런 걸 다 알아차리는 걸 보니. 그런데 생각해 보세요. 개인이 아니라 가족 전체를 생각하면, 아버지인 집주인이 죽으면 아버지인 건축업자를 사형에 처하고, 집주인의 아들이 죽으면 건축업자의 아들을 사형에 처하는 것이 탈리오 법칙에 맞는 것이 아닐까요?

고수해 변호사　아무리 그래도 잘못도 없는 아들이 죽어야 한다니…… 이해하기 어렵군요. 도대체 무슨 근거로 아버지의 잘못 때문에 아들이 죽어야 합니까?

신안목 변호사　좀 어려운 이야기일 수도 있지만, 근대에 개인 책임의 원리가 확립되기 전까지 집단 책임의 원리가 적용되는 경우가 있었습니다. 함무라비 법전의 이 규정도 집단 책임의 원리가 적용된 경우라고 할 수 있지요.

　　신안목 변호사의 변론에 방청객들이 모두 고개를 갸우뚱하며 웅성대자, 이를 눈치챈 판사가 신안목 변호사에게 말했다.

판사　개인 책임의 원리나 집단 책임의 원리는 전문적인 용어여서 일반인들은 이해하기 어려울 것 같으니, 원고 측 변호인은 개인 책임의 원리와 집단 책임의 원리가 무엇인지 쉽게 설명해 주는 것이 좋을 것 같습니다.

신안목 변호사　그렇게 하겠습니다. 개인 책임의 원리란 잘못을 범한 개인에게만 책임을 묻도록 하는 원리이며, 집단 책임의 원리란 잘못을 범한 개인이 속해 있는 집단, 예를 들어 가족이나 씨족의 구성원들이 그 개인의 잘못에 대해 함께 책임지도록 하는 원리를 말합니다. 고대 사회에서는 이런 집단 책임의 원리를 적용하는 경우가 많았지요.

고수해 변호사　예를 하나 들어 보세요.

　왜 함무라비 법전을 만들었을까?

신안목 변호사   좋습니다. 한국이란 나라의 옛 모습, 조선의 역사만 보더라도 대역 죄인은 삼족을 멸하도록 하고 있는데, 이 역시 집단 책임의 원리를 적용한 것이라고 볼 수 있습니다. 삼족이란 부모, 형제, 처자를 말하는 것으로, 대역죄를 범하면 그 본인뿐만 아니라 부모, 형제, 처자를 모두 사형에 처했습니다.

부실 공사로 집이 무너져 집주인의 아들이 죽었을 때 건축업자의 아들을 죽이도록 한 것도 집단 책임의 원리를 적용시킨 것이라 할 수 있어요. 가족 한 사람의 잘못에 대해 모든 가족이 책임져야 하는데, 탈리오 법칙을 적용하다 보니 건축업자의 아들이 책임지게 된 것입니다.

판사   그렇군요. 함무라비 법전에 탈리오 법칙이 적용된 다른 규정은 더 없습니까?

신안목 변호사   형벌 말고 다른 분야에 탈리오 법칙을 적용한 경우를 말씀드리겠습니다. 함무라비 법전은 소나 양을 돌보는 일을 맡은 목자가 소나 양을 잃어버린 경우, 목자는 주인에게 잃어버린 것과 같은 가치를 갖는 소나 양을 물어 주도록 하고 있습니다(함무라비 법전 제263조). 다시 말해 소나 양을 잃어버린 목자는 탈리오 법칙에 따라 손해 배상할 책임을 지는 것이지요.

판사   탈리오 법칙이 형벌의 경우뿐만 아니라 손해 배상의 경우에도 적용된다는 말이군요.

신안목 변호사   그렇습니다. 판사님도 아시겠지만, 대한민국을 비

손해 배상
우리 민법 제750조는 "고의 또는 과실로 인한 위법 행위로 타인에게 손해를 가한 자는 그 손해를 배상할 책임이 있다"고 규정한답니다. 가령 야구를 하다 잘못해서 어느 집 유리창을 깬 경우에 유리창을 깬 사람은 그 값을 물어 주어야 합니다. 바로 이것이 불법 행위에 의한 손해 배상 책임이지요.

롯하여 지금 대부분의 국가에서, 불법 행위로 다른 사람에게 손해를 끼쳤을 때 피해자에게 손해 배상을 할 책임을 가해자에게 지우고 있습니다. 이를 불법 행위 제도라고 하는데, 이 제도가 바로 탈리오 법칙을 근거로 하고 있지요.

판사   탈리오 법칙이 불법 행위 제도의 기초가 된다는 것이군요.

신안목 변호사   그렇습니다, 판사님. 흔히 탈리오 법칙이 너무 잔인해서 지금의 관점에서는 받아들일 수 없다고 하는데, 그것은 편견에서 비롯된 오해일 뿐입니다. 어떤 사람이 남의 집 유리창을 깬 경우에 가해자의 유리창을 깨는 것도 탈리오 법칙이지만, 가해자에게 유리창을 갈아 끼울 비용을 물리는 것도 넓은 의미에서 탈리오 법칙에 해당합니다. 꼭 가해자의 눈에 상처를 내는 것뿐만이 아니고요.

탈리오 법칙은, 사람은 자신의 행위로 인해 발생하는 결과에 대해 그에 맞는 책임을 져야 한다는 지극히 상식적인 논리에 근거하고 있는 것입니다. 탈리오 법칙은 예나 지금이나 법의 바탕에 깔려 있는 기본 원리이지요. 이번 재판을 계기로 탈리오 법칙에 대한 오해가 풀리기를 기대합니다.

판사   그리고 보니 함무라비 법전의 내용이 생각보다 야만적인 것 같지는 않네요. 함무라비 법전에 상당히 진보적인 내용이 더 들어 있을 것 같은데, 이제 이 점에 관해 살펴보기로 하지요.

2

함무라비 법전에
진보적인 내용은 없을까?

판사   먼저 원고가 본인이 제정한 함무라비 법전에서 내세울 만한
내용으로 어떤 것들이 있는지 말씀해 주시겠습니까?

함무라비   이미 두 번째 재판에서도 말씀드린 바와 같이, 나는 정
의를 실현하고 약자를 보호하기 위해 함무라비 법전을 만들었습니
다. 정의를 실현하기 위한 규정들에 관해서는 이미 탈리오 법칙과
관련하여 자세히 이야기했으므로, 이번에는 약자를 보호하기 위한
제도들에 관해 설명하겠습니다. 내 설명을 들으면 지금으로부터 약
3700년 전에 제정한 함무라비 법전이 얼마나 훌륭한 내용을 담고
있는지 알고 깜짝 놀랄 것입니다. 그런데…… 약자를 보호하기 위한
규정들이 너무 많아서 일일이 다 설명드리기는 어려울 것 같은데,
어느 것부터 설명할까요?

판사   약자라고 하면 아무래도 가난한 사람을 제일 먼저 떠올리게 되지 않습니까? 그러니까 경제적으로 어려운 사람을 보호하기 위한 규정이 있다면 먼저 설명해 주시기 바랍니다.

함무라비   네. 경제적 약자라고 하면 가난한 사람, 직업이 없는 사람을 말합니다. 가난한 사람들은 먹고살기 위해 다른 사람에게 돈이나 곡식을 꾸게 되며, 돈이나 곡식을 꿔어주는 부자나 상인들이 그에 대한 이자를 받는 것은 그때나 지금이나 마찬가지입니다. 그런데 돈이나 곡식을 꿔어주면서 지나치게 높은 이자를 받으면, 가난한 사람들이 불어난 이자 때문에 빚을 갚지 못하여 생활이 더욱 쪼들리게 됩니다. 그래서 나는 가난한 사람들이 빚더미에 앉는 것을 막기 위해 이자율 제한 규정을 두었습니다.

판사   정말 그런 규정이 함무라비 법전에 들어 있다는 말씀입니까? 믿기 어려운데요. 이자율은 얼마로 제한하고 있습니까?

함무라비   믿기 어려우시다면…… 자, 여기 함무라비 법전 제89조를 보시죠. 곡물을 꾼 사람은 1년에 33.3퍼센트의 이자를 물어야 하고, 돈을 꾼 사람은 1년에 20퍼센트의 이자를 내도록 하였습니다.

고수해 변호사   아니, 가난한 사람들을 위해 이자율을 제한한다고 하면서 어떻게 33.3퍼센트나 되는 이자를 내도록 한단 말입니까! 이자율이 너무 높은 것 아닌가요?

함무라비   보는 관점에 따라서는 이자율이 높다고 생각할 수도 있지요. 그러나 이것은 어디까지나 돈이나 곡식을 빌려 준 사람이 받을 수 있는 최고의 이자율을 정한 것이고, 실제 이자율은 이것보다

왜 함무라비 법전을 만들었을까?

훨씬 낮았어요.

고수해 변호사　아무리 그렇다고 하더라도 33.3퍼센트의 이자율은 너무 높은 것 같은데요.

신안목 변호사　고 변호사, 대한민국의 이자 제한법에서도 연 최고 이자율을 40퍼센트로 정하고 있다는 것을 모르시나요? 함무라비 법전의 이자율이 지금의 이자율보다 낮지 않습니까? 자꾸 원고를 깎아내리려고만 하지 말고 진실을 보세요, 진실을!

고수해 변호사　이봐요, 신 변호사, 왜 그렇게 자꾸 내 이야기에 딴죽을 걸어요? 내가 하고 싶은 얘기는 가난한 사람들에게 33.3퍼센트의 이자율이 너무 높지 않느냐는 거요!

판사　자, 두 분은 이제 좀 진정하시고 원고의 생각을 한번 들어 봅시다.

함무라비　함무라비 법전의 이자율이 높다고 생각할 수도 있지만, 빌린 돈이나 곡식을 잘만 활용하면 원금과 이자를 충분히 갚을 수 있는 수준입니다. 돈을 빌려서 장사를 하면 보통 두 배 정도의 이익을 남길 수 있었고, 곡식을 빌린 사람이 농지를 빌려 농사를 짓더라도 그 정도의 이자는 갚을 수 있을 만큼 수확했지요. 아무 생각 없이 이자율을 그렇게 정한 것이 아닙니다. 그런 점들을 모두 고려해 이자율을 정했어요. 생각해 보세요. 후대의 역사를 보더라도 이자율을 아예 제한하지 않거나, 함무라비 법전보다 훨씬 높은 이자율을 정하고 있는 경우가 많지 않나요? 고수해 변호사에게 묻고 싶은데, 과연 함무라비 법전보다 낮은 이자율을 정하고 있는 경우가 있습니까?

고수해 변호사   소송하기도 바쁜데 내가 어떻게 일일이 그런 걸 조사합니까? 알았으니까 이 문제는 이 정도로 해 두지요. 그건 그렇고, 돈을 빌렸을 때의 이자율과 곡식을 빌렸을 때의 이자율이 다른 이유가 무엇인가요? 특별한 이유가 있습니까?

함무라비   물론 이유가 있지요. 오늘날처럼 농경 기술이 발달하지 않은 당시에는 곡식이 매우 귀했습니다. 곡식을 꾸어줄 여유가 있는 사람이 그리 많지 않았지요. 그래서 곡식의 이자율이 높아진 것입니다. 물론 다른 이유도 있습니다. 한 알의 곡식을 뿌리면 적어도 열 알 이상을 수확할 수 있거든요. 경작하는 데 들어간 노동력을 빼고 단순하게 수확량만 계산하면 적어도 열 배를 수확할 수 있는 셈이지요. 그래서 곡식의 이자율을 높게 정했던 것입니다.

판사   이자율에 관한 것은 이 정도로 해 두면 될 것 같습니다. 경제적 약자를 보호하기 위한 다른 규정이 있습니까?

함무라비   물론입니다. 채무자가 빚을 갚지 못하면 채권자는 3년 동안 채무자, 또는 그 가족이나 노예를 자기 집에 데려가 일을 시키고, 4년째 되는 해에 집으로 돌려보내도록 하는 규정을 두었지요.

고수해 변호사   그거 채무 노예 이야기 아닙니까? 채무자가 빚을 갚지 못하면 채권자가 채무자를 강제로 끌고 가서 일을 시키도록 하는, 그 악명 높은 채무 노예 제도가 함무라비 법전에 있다는 말이지요? 그렇게 무지막지한 채무 노예 제도가 무슨 가난한 사람을 보호하기 위한 것이란 말입니까?

함무라비   고수해 변호사, 제발 그렇게 속단하지 말고 내 이야기를 다 듣고 판단하시지요. 내가 함무라비 법전을 제정하기 전에는 채무자가 빚을 갚지 못하면 채권자는 채무자를 자기 집으로 끌고 가 빚을 다 갚을 때까지 일을 시켰어요. 그런데 큰 빚을 진 채무자는 평생 일을 해도 빚을 갚을 수 없으니 평생 채권자의 노예로 살기도 했지요. 빚을 갚지 못했다고 평생 노예로 살아간다면 얼마나 억울하겠습니까? 그래서 아무리 큰 빚을 졌더라도 채권자가 채무자를 노예로 삼아 일을 시킬 수 있는 기간을 3년으로 제한해, 4년째 되는 해에는 채무자가 가족의 품으로 돌아갈 수 있도록 한 것이지요.

고수해 변호사　　아무리 그렇더라도 빚을 못 갚았다고 노예가 되는 것은 도저히 이해할 수 없습니다. 어떻게 그럴 수 있어요?

　　고수해 변호사가 납득할 수 없다는 표정으로 어깨를 으쓱하자, 신안목 변호사가 여유 있는 표정으로 일어났다.

신안목 변호사　　판사님, 함무라비 법전이 채무자를 얼마나 배려하고 있는지 로마의 **12표법**과 비교해 보면 잘 알 수 있습니다. 12표법을 만든 발레리우스를 증인으로 신청했으니 불러 주십시오.

판사　　좋습니다. 증인은 증인석으로 나와 주시기 바랍니다. 증인은 오로지 진실만을 말할 것을 맹세합니까?

12표법

로마 최초의 성문법, 즉 문자로 적힌 법으로 기원전 451~기원전 449년 사이에 만들어졌어요. 모두 12개의 표로 구성되었기 때문에 12표법이라고 하지요. 법전의 내용을 동판에 새겼다고 하여 12동판법이라고 부르기도 하지만, 정확한 명칭은 12표법입니다. 현재 12표법의 원문 자체는 전해지지 않지만 다른 기록들을 통해 12표법의 일부 내용이 알려져 있는데요. 12표법의 제3표는 채무자가 채무를 이행하지 않을 경우에 일정한 재판 절차를 거쳐 채무자를 팔아 버리거나 살해할 수 있다고 규정하고 있어요.

왜 함무라비 법전을 만들었을까?

발레리우스   네, 맹세합니다.

판사   원고 측 변호인, 신문하세요.

신안목 변호사   네. 증인은 로마의 집정관으로 12표법을 만드는 데 주도적인 역할을 담당하였지요?

발레리우스   그렇습니다.

신안목 변호사   12표법은 채무 노예에 대해서 어떻게 규정하고 있나요?

발레리우스   함무라비 법전과 마찬가지로 12표법에도 채무 노예에 관한 규정이 있어요. 그런데 12표법은 빚을 갚지 못한 채무자를 평생 동안 노예로 삼아 일을 시킬 수 있는 것은 물론이고, 채권자가 채무자를 다른 사람에게 노예로 팔거나 심지어 죽일 수도 있도록 했습니다.

신안목 변호사   아니, 채권자가 채무자를 죽일 수도 있다는 말입니까?

발레리우스   그렇습니다.

신안목 변호사   제가 듣기로 12표법에는 채권자가 여러 명일 경우 채무자를 죽이고 그 시체를 나누어 가질 수 있다는 규정도 있다던데요. 사실인가요?

발레리우스   그렇습니다.

신안목 변호사   참으로 놀랍군요. 함무라비 법전이 만들어지고 1300년이나 지난 뒤에, 그것도 역사상 가장 뛰어난 법을 만들었다는 로마에서 채무 노예를 팔거나 죽일 수 있도록 하고, 심지어 죽은 시체까지 나누어 가지도록 했다니…… 그에 비하면 함무라비 법전

집정관
고대 로마의 관직으로 공화정 시대에는 로마의 시민, 즉 관리가 차지할 수 있는 사실상 가장 높은 자리였으며, 제국 시대에는 명목상 황제 다음가는 자리였답니다. 집정관은 매년 시민 선거를 거쳐 두 명이 선출되었는데, 이는 한 사람에게 권력이 집중되는 것을 막기 위함이었지요.

은 경제적 약자인 채무자를 얼마나 많이 배려하고 있습니까? 판사님, 이상으로 증인 신문을 마치겠습니다.

판사 피고 측 변호인, 반대 신문 하세요.

고수해 변호사 허허. 증인의 주장이 사실이라면 정말 놀라운 일이군요. 인정하기는 싫지만, 그래도 오늘 새로운 것 하나 배웠네요. 반대 신문 없습니다.

신안목 변호사 고 변호사가 웬일입니까? 그런 말을 다 하고…….그래요, 공부하세요. 배워서 남 줍니까? 더 늦기 전에 우리 같이 역사 공부나 좀 할까요?

고수해 변호사 됐거든요! 아무튼 틈을 주면 안 돼. 그저 틈만 주면 비집고 들어오려고 해서……. 지식이 많으면 뭘 해? 먼저 인간이 되어야지.

판사 자자, 그만들 하세요. 증인은 내려가도 좋습니다. 그런데 원고, 채무자에게 3년간 노예로 노동을 시킨다 해도 채권자가 빚을 다 받지 못하면 채무자를 학대할 가능성이 있을 텐데, 그런 경우 어떻게 됩니까?

함무라비 역시 판사님은 핵심을 정확하게 꿰뚫어 보시는군요. 3년 동안 아무리 일을 시켜도 빚을 받을 수 없는 채권자는 채무 노예를 괴롭히기 마련이지요. 그렇다고 채무 노예가 채권자에게 학대당하도록 방치한다면 그것이 어떻게 정의로운 법이라 할 수 있겠습니까?

판사 그래서 어떤 조치를 취했나요?

함무라비 채무자의 아들이 채무 노예가 된 경우, 채권자가 학대해

왜 함무라비 법전을 만들었을까?

채무자의 아들이 사망하면 채권자의 아들을 잡아 사형에 처하도록 했습니다(함무라비 법전 제116조). 채권자의 학대로 채무자의 아들이 죽었으니 채권자의 아들을 죽이는 것이 당연하지 않겠습니까?

판사   이 경우에도 앞에서 이야기한 탈리오 법칙을 적용했군요.

함무라비   그렇습니다.

판사   그런데 만약 채권자의 학대로 채무 노예가 사망했다면 빚은 그대로 남나요, 아니면 채무가 없어지나요? 내 생각으로는 채무 노예가 사망하였으니 빚은 당연히 없어져야 할 것 같은데요.

함무라비   맞습니다. 채무자가 원통하게 죽었는데 빚이 그대로 남는다면 너무 억울한 일 아니겠습니까? 그래서 그런 경우에는 채무를 면제해 채권자가 빚을 받을 수 없도록 하였습니다.

고수해 변호사   채무 노예가 꼭 채권자에게 학대받아 죽는 것은 아니지요. 병에 걸리거나 자연사할 수도 있지 않나요? 그럴 경우에는 어떻게 합니까?

함무라비   채무 노예가 자연사한 경우까지 채권자에게 책임을 묻는 것은 채권자에게 가혹하지요. 그래서 이때는 채권자에게 어떤 책임도 묻지 못하도록 하였습니다. 채권자에게 아무 잘못이 없는데 어떻게 책임을 물을 수 있겠습니까?

고수해 변호사   그럼 채무자는 남은 기간 동안 다른 가족을 채무 노예로 보내야 하겠군요.

함무라비   그렇지는 않습니다. 채무 노예가 채권자의 집에서 죽은 것이니까 채무자 가족으로서는 분한 마음이 들겠지요. 채권자가 채무 노예를 학대하지 않았나 의심도 들 테고요. 그래서 채무자의 채무를 소멸시키도록 하였습니다. 채무자 가족이 더 이상 채권자에게 채무 노예를 보낼 필요가 없도록 한 것이지요.

고수해 변호사   그러면 채권자 입장에서는 손해 보는 것 아닌가요?

함무라비   그럴 수도 있지요. 하지만 이 경우에는 강자인 채권자가 조금 양보를 해야지요. 내가 그렇게 한 것은 약자인 채무자를 보호하기 위해서입니다. 여러 번 말씀드리지만, 약자를 보호하는 것이 내가 함무라비 법전을 제정한 목적 중의 하나이니까요.

판사   자, 이제 다른 문제로 넘어가기로 합시다. 두 번째 재판에서 원고는 고아나 과부를 보호하기 위해 함무라비 법전을 제정했다고 했는데, 이와 관련된 규정이 있습니까?

함무라비   물론 있습니다. 사실 고대 메소포타미아에는 고아가 많았습니다. 잦은 전쟁과 전염병 때문에 부모를 잃은 아이들이지요. 그뿐인가요? 흉년이 들 때 부모가 굶어 죽어 고아가 된 아이들도 있었어요. 이런 고아들은 부모가 남긴 재산으로 외롭고 힘겹게 살아갔습니다. 그런데 간혹 나쁜 사람들이 불쌍한 고아들의 재산을 빼앗는 경우가 있었지요. 이런 고아들을 보호하고자 증인과 계약서 없이 고아에게 물건을 사거나 임의로 보관하는 사람은 사형에 처하도록 했습니다(함무라비 법전 제7조).

고수해 변호사   고아에게서 물건을 사거나 물건을 보관한다고 해서 그 사람을 사형에 처한단 말입니까? 세상에 그런 법이 어디 있습니까?

함무라비　그런 법이 바로 여기 있습니다. 하하. 물론 이상하게 들릴 수도 있지요. 하지만 부모가 없는 고아에게서 물건을 사거나 보관하면서 계약서도 증인도 없다면, 사는 사람이 물건값을 제대로 쳐 줄까요? 대부분의 경우 그렇지 않겠지요. 돌봐 주는 사람이 없으니 고아의 물건을 헐값에 빼앗아 가더라도 제대로 항의할 수 있었겠어요? 그래서 아이에게서 물건을 사거나 아이의 물건을 보관할 때는 반드시 증인이 보는 가운데 계약서를 쓰도록 하고, 이것을 위반하면 그 사람을 사형에 처했던 겁니다.

고수해 변호사　　고아들을 보호한다는 뜻은 잘 알겠지만, 그래도…… 너무 지나친 형벌 아닙니까?

함무라비　　나는 그렇게 하는 것이 고아를 잘 보호할 수 있는 방법이라고 생각했어요. 꼭 사형에 처해야 한다는 것보다 고아의 재산을 빼앗지 못하도록 겁을 주는 것이지요. 불쌍한 고아의 재산을 빼앗는 것은 아주 악질적인 범죄입니다. 어디 등쳐 먹을 데가 없어서 고아의 재산을 등쳐 먹는다는 말입니까? 판사님, 엄벌에 처하는 것이 마땅하다고 생각하지 않으십니까?

판사　　듣고 보니 그럴 것도 같군요. 오늘날 일반 사람들의 생각과 거리가 있긴 하지만요. 고아의 경우는 그렇다고 하고, 과부의 경우에도 이 규정이 적용되는 겁니까?

함무라비　　그렇지는 않습니다. 과부는 어른이니까 알아서 물건을 사고팔 수 있지요. 그래서 과부의 물건을 사거나 보관하는 경우에는 이 규정을 적용하지 않았습니다. 과부 스스로 책임져야지요.

판사　　그렇다면 과부를 보호하기 위한 규정은 따로 없습니까?

함무라비　　있습니다. 지금은 어떨지 몰라도 고대 메소포타미아 사회에서 과부 혼자 살아간다는 것은 여간 힘든 일이 아니었어요. 나는 과부에게 재혼할 권리를 주는 것이 과부를 보호하는 가장 좋은 방법이라고 생각했습니다. 그래서 재혼권에 관한 규정을 두었지요.

판사　　구체적으로 어떤 규정을 두었나요?

함무라비　　내가 특별히 함무라비 법전에 규정한 것은 세 가지 정도입니다. 먼저 남편이 사망해서 과부가 된 아내는 원칙적으로 자유롭게 재혼할 수 있도록 하였습니다(함무라비 법전 제172조). 남편이 사망하고 없는데 아내에게 계속 시댁에서 살도록 강요하는 것은 가혹한 일이라 여겼기 때문이지요.

판사 허허. 지금으로부터 3800년 전인 그 옛날 재혼권을 인정했다니 그저 놀랍군요. 그런데 재혼할 때 재산 관계는 어떻게 됩니까? 아내는 죽은 남편의 재산을 모두 가지고 재혼할 수 있었습니까?

함무라비 그렇지는 않습니다. 아내가 재혼하려면 죽은 남편에게 받은 재산을 시댁에 돌려주어야 했습니다. 남편이 죽은 후에도 아내가 재혼하지 않으면 남편으로부터 받은 재산을 가질 수 있지만, 재혼하는 경우에는 재산을 시댁에 돌려주어야 합니다.

판사 그렇다면 남편이 전쟁에서 포로가 된 경우에도 아내가 재혼할 수 있었나요? 남편이 살아서 돌아온다는 보장이 없기 때문에 아내의 재혼을 인정하는 것이 옳은 것 같은데요.

함무라비 그렇습니다, 판사님. 그것이 바로 함무라비 법전에서 아내의 재혼권을 인정한 두 번째 경우입니다. 이 경우에는 남편의 집에 생계 수단이 있는지 여부에 따라 아내의 재혼권을 결정하였습니다. 즉, 남편이 전쟁 포로가 되었을 때 아내는 남편의 집에 생계 수단이 없으면 재혼할 수 있지만 생계 수단이 있으면 재혼할 수 없습니다(함무라비 법전 134조). 남편이 전쟁 중에 적에게 포로로 잡히면 아내는 사실상의 과부, 흔히 말하는 생과부가 되고 말지요. 이런 상황에서 남편의 집에 생계 수단이 없다면 아내는 살아갈 길이 막막해집니다. 그래서 포로가 된 남편이 비록 살아 있더라도 아내는 다른 남자와 재혼할 수 있게 했지요.

반면 남편의 재산이 충분히 남아 있어서 아내가 남편의 집에서 생계를 유지하는 데 아무런 문제가 없다면 굳이 재혼을 인정할 필요가 없겠지요. 그래서 이런 경우에는 아내에게 재혼을 허용하지 않았습니다.

고수해 변호사　포로가 된 남편이 언제 돌아올지 모르는데 생계 수단이 있다고 아내의 재혼을 인정하지 않는 것은 생과부 생활을 강요하는 것 아닌가요?

함무라비　하염없이 남편을 기다려야 하는 아내의 고통을 내가 왜 모르겠습니까? 그러나 포로가 된 남편의 입장도 생각해야지요. 예를 들어 나라를 위해 전쟁터에 나가 목숨 걸고 싸우다 포로가 된 사람이 있습니다. 그가 후에 풀려나 집에 돌아왔는데 아내가 재혼했다면 그 심정이 어떻겠습니까? 먹고살 재산이 충분히 있었는데도 말이죠. 나라를 다스리는 입장에서는 개인의 이익도 중요하지만 나라의 이익도 생각해야 했습니다. 나라를 위해 희생한 군인들을 배려하기 위해, 생계 수단이 있는 경우에는 아내가 재혼하지 못하도록 한 것입니다.

판사　그렇군요. 앞에서 원고는 세 가지 경우에 과부의 재혼을 인정한다고 했는데, 두 가지는 이미 이야기했으니 마지막 남은 한 가지를 설명해 주실까요?

함무라비　네, 말씀드리지요. 남편이 조국을 배반하고 다른 나라로 도망갔다면 그 아내는 자유롭게 다른 사람과 재혼할 수 있도록 하였습니다(함무라비 법전 제136조). 남편이 국가에 대한 반역자가 된 경우에 아내는 그런 자를 남편으로 인정할 이유가 없겠지요. 그래서 다른 사람과 재혼할 수 있도록 했습니다.

고수해 변호사   남편이 반역자인데 아내를 처벌하기는커녕 다른 사람과 재혼할 수 있도록 하였다는 말입니까? 아까 함무라비 법전은 개인 책임의 원리가 아니라 집단 책임의 원리를 받아들였다고 하지 않았습니까? 집단 책임의 원리를 적용시키면 반역자 본인뿐만 아니라 그 가족에게도 엄벌을 내려야 하는 것 아닙니까?

함무라비   아내 역시 반역 행위를 했다면 당연히 처벌을 받아야 하겠지요. 그러나 남편이 혼자 반역죄를 지었고 아내는 거기에 전혀 관여하지 않았는데 아내까지 반역죄로 처벌한다는 것은 말이 안 되지요. 오히려 아내가 다른 사람과 결혼하여 잘살 수 있도록 나라에서 보호해 주면, 아내는 나라를 더욱 사랑하게 되지 않겠어요?

판사   아내의 재혼과 관련해서 피고 측 변호인은 질문할 내용이 더 있습니까?

고수해 변호사   없습니다.

판사   약자를 보호하기 위해 함무라비 법전이 또 어떠한 규정을 두고 있는지 살펴봅시다. 원고 측 변호인, 약자 보호와 관련하여 특별히 강조하고 싶은 내용이 있습니까?

신안목 변호사   네, 있습니다. 들으시면 판사님도 놀라실 겁니다. 함무라비 법전은 강도 사건이 발생했을 때 범인이 잡히지 않으면 국

범죄 피해자 구조 청구권
현행 헌법 제30조는 "타인의 범죄 행위로 인하여 생명, 신체에 대한 피해를 받은 국민은 법률이 정하는 바에 의하여 국가로부터 구조를 받을 수 있다"라고 규정하여 범죄 피해자 구조 청구권을 보장하고 있습니다.

가가 피해자에게 손해 배상 하도록 하고 있습니다(함무라비 법전 제23조).

고수해 변호사　　그게 뭐 그리 대단한 일이라고 호들갑입니까?

신안목 변호사　　고 변호사, 대한민국은 1987년에 개정된 헌법에서야 처음으로 이러한 범죄 피해자 구조 청구권이 도입되었다는 것을 몰라서 하는 소립니까? 그보다 무려 3700년이나 앞서 함무라비 법전에 이런 규정을 만들었다는 것이 놀랍지 않나요?

판사　　듣고 보니 그렇군요. 원고 측 변호인은 계속하세요.

신안목 변호사　　강도 사건 발생 후에 범인이 잡히면 피해자는 빼앗긴 물건을 되찾을 수 있고, 신체적인 상해에 대해서도 배상을 받을 수 있지요. 그런데 만일 범인이 잡히지 않으면 피해자는 물건을 되찾을 수 없고 손해 배상도 받을 수 없어요. 게다가 신체적인 피해가 너무 심해 피해자가 죽거나 불구가 되면 피해자와 그 가족은 생계가 막막해집니다. 이게 바로 마른하늘에 날벼락이 아니고 무엇이겠습니까? 이런 딱한 처지의 피해자에게 국가가 손해를 배상해 최소한의 생계라도 유지할 수 있도록 하는 것이지요.

판사　　국가가 꼭 그렇게 해야 하는 것은 아닐 텐데, 함무라비 법전에 그런 규정을 둔 특별한 이유가 있습니까?

함무라비　　이 문제는 내가 직접 말하는 것이 좋겠습니다. 후대 사람들은 함무라비 법전이라고 하면 '눈에는 눈, 이에는 이'라는 무시무시한 내용만 있을 거라고 오해하는데, 사실 그렇지 않습니다. 지난번에 이미 말씀드렸듯이, 나는 백성을 보호하고 보살피기 위해 함무라비 법전을 제정하였습니다. 예나 지금이나 국가의 기본적인 임무는 백성들을 보호하고 보살피는 데 있지 않습니까? 백성들을 제대로 보호하려면 치안 질서가 잘 유지되어야 하지요. 그런데 강도 사건이 발생하고 범인마저 잡지 못했다는 것은 국가가 치안을 유지해야 할 임무를 다하지 못한 것이고, 국가는 마땅히 그 책임을 져야 하겠지요. 국가는 범죄가 발생하지 않도록 최대한 예방 조치를 취해야 합니다. 그리고 피해자가 입은 억울한 피해를 배상해 주어야 하고요.

판사　깊은 뜻이 숨어 있었군요. 피고 측 변호인, 이 문제에 대해 반론할 내용이 있습니까?

고수해 변호사　없습니다.

판사　원고 측 변호인, 지금까지 이야기한 것 말고 약자 보호에 관해 말하고 싶은 내용이 있습니까?

신안목 변호사　여러 가지가 있지만 두어 가지만 더 말씀드리도록 하겠습니다.

먼저 신분에 따라 치료비에 차이를 두는 조항이 있습니다. 같은 치료를 받더라도 부자는 치료비를 많이 내야 하지만 가난한 사람은 치료비를 적게 내도록 하였습니다(함무라비 법전 제215조~제217조). 다들 경험해 보셨겠지만, 아픈 것만큼 서러운 일이 어디 있습니까? 더군다나 치료비가 없어 치료를 받을 수 없다면 얼마나 서럽겠습니까? 그래서 함무라비 법전에는 가난한 사람이 치료비를 적게 내고

히포크라테스

기원전 460~기원전 377년. 고대 그리스에서 최초로 의학이라는 학문을 개척한 인물로 서양 의학의 아버지라 일컬어지고 있지요. 그는 많은 환자를 치료한 경험에서 얻은 인간의 신체에 대한 과학적인 이해를 바탕으로 질병과 치료 방법에 대한 체계적인 이론을 세웠어요. 지금도 의과 대학 학생들은 졸업할 때 히포크라테스 선서를 낭독한다고 하지요.

교과서에는

▶ 기원전 3000년 무렵 메소포타미아에서는 수메르인이 도시 국가를 건설하고 문자와 청동기를 사용하는 등 최초의 문명을 이룩하였습니다. 한편 비슷한 시기에 나일 강 유역의 이집트에서는 통일 왕국이 성립되어 화려한 고대 문명을 이루었지요. 메소포타미아에서는 갑작스러운 홍수에 대비하기 위해 여러 사람이 함께 둑을 쌓고 물길과 저수지를 만들어 농사를 지었습니다. 이에 따라 여러 곳에서 도시 국가가 건설되었고, 도시와 도시를 연결하는 상업도 크게 발달하였지요. 수메르 인들은 60진법을 발명하였으며, 설형 문자를 만들어 점토판에 기록하였답니다.

도 치료를 받을 수 있도록 규정한 조항이 있지요.

판사　치료비는 구체적으로 어떻게 되나요?

신안목 변호사　의사가 청동 칼로 수술을 하여 환자를 치료한 경우에 환자가 귀족이면 10세켈의 치료비를 부담해야 하지만, 환자가 평민이면 5세켈의 치료비만 내도록 했습니다. 가난한 평민은 부자인 귀족이 부담하는 치료비의 절반만 내고도 치료받을 수 있도록 한 것이지요.

판사　아니, 당시 메소포타미아에서 외과 수술이 이루어졌다는 말씀인가요? 서양 의학의 아버지라 일컫는 히포크라테스가 기원전 5세기 사람이니까, 고대 메소포타미아에서는 서양 의학보다 1300년이나 앞서 의학이 등장한 것이 되겠군요.

신안목 변호사　그렇습니다. 고대 메소포타미아 지역에선 의술이 상당히 발달해 있었습니다. 질병을 주술 등의 미신적인 방법으로 치료하는 것이 아니라, 수술이라는 과학적 방법을 통해 치료하였던 것이지요. 실제로 청동 칼을 이용해 외과 수술을 하는 경우도 많았습니다.

판사　정말 놀라운 일이군요. 계속하시지요.

신안목 변호사　흔히들 ▶인류 최초의 문명으로 세계 4대 문명을 이야기하지요. 이집트 문명, 메소포타미아 문명, 인더스 문명, 중국 문명 말입니다. 그런데 엄밀한 의미에서 인류 최초의 문명은 메소포타미아 문명입니다. 지금까지 발굴된 수많은 자료가 그것을 증명하고, 고고학이나 역사학에서도 그것을 인정하고 있습니다.

메소포타미아에서 처음 시작된 것이 아주 많아요. 문자, 농경, 달력, 바퀴 또는 수레, **60진법**, 천문학, 학교, 신전 등이 모두 메소포타미아에서 최초로 시작된 것입니다. 법전과 의술도 메소포타미아에서 가장 먼저 나타났지요. 함무라비 법전이 제정된 시기에는 청동 칼을 이용한 수술이 널리 행해지고 있었고요.

판사 들고 보니 메소포타미아에 대해 우리가 미처 알지 못했던 것이 너무나 많네요. 개인적인 생각입니다만, 언제 시간을 내서 메소포타미아에 대해 공부 좀 해야겠습니다. 치료비와 관련하여 덧붙일 내용이 있습니까?

신안목 변호사 치료비와 직접 관련된 것은 아닙니다만, 원고에게 한 가지 질문을 드리겠습니다. 만일 치료를 하다 환자가 사망하거나 불구가 된 경우에 의사는 어떤 책임을 지게 됩니까?

함무라비 만일 의사가 수술을 하다가 환자가 사망하거나 실명하게 되면 의사의 손을 자르도록 하였습니다(함무라비 법전 제218조). 그렇지만 이것은 주의를 기울여 신중하게 수술해야 한다는 것을 강조한 것이지 의사들에게 일부러 고통을 주려고 한 것은 아니었어요.

고수해 변호사 의사들에게 일부러 고통을 주려고 한 건 아니었다고요? 그렇지만 이 때문에 의술의 발전이 늦춰지진 않았을까요? 손을 자르다니…… 어디 의사들이 겁나서 치료를 제대로 했겠습니까?

> **60진법**
> 고대 메소포타미아에서는 현재 사용되고 있는 십진법이 아닌 60진법을 사용했어요. 60진법은 현재에도 시간의 단위 등에 사용되고 있지요. 60초가 1분이 되고, 60분이 1시간이 되는 것은 모두 60진법을 사용한 것이지요.

제가 그 당시 의사였다면 상태가 심각한 환자는 아예 받지도 않았을 것 같은데요.

함무라비　고수해 변호사가 환자라고 생각해 보세요. 의사가 실수를 해서 죽거나 눈이 멀게 되었다면 그 정도의 처벌을 원하지 않겠어요? 지금은 어떨지 모르지만, 당시에는 다들 그렇게 생각했습니다.

판사　치료비와 수술과 관련하여 다른 질문이 없다면, 마지막으로 약자 보호에 관련된 규정을 한 가지만 더 다루어 보기로 합시다. 원고가 말씀해 주시지요.

함무라비　일한 대가를 제대로 받아야 가난한 백성들이 생활해 나갈 수 있겠지요? 그래서 나는 함무라비 법전에 노동자들이 받을 수 있는 임금을 규정하여 노동자들이 최소한의 경제 생활을 유지할 수 있도록 하였습니다.

판사　어떤 직종의 노동자들이 있었고, 각각 얼마만큼의 임금을 받을 수 있었습니까?

함무라비　다양한 직종의 노동자들이 있었지만 대표적으로 농부, 즉 농업 노동자의 경우를 말씀드리지요. 농업 노동자는 일반 농업 노동자와 수확 노동자로 구분하였습니다. 일반 농업 노동자는 씨를 뿌리는 일부터 수확까지 모든 일을 담당하였지만, 수확 노동자는 수확만을 담당하였지요.

판사　그들의 임금은 얼마로 정해져 있었습니까?

함무라비　일반 농업 노동자는 1년에 8**구르**(gur)의 곡물을 임금으로 받을 수 있고, 수확 노동자는 1년에 6구르의 곡물을 임금으로 받을 수 있었습니다. 일반 농업 노동자가 수확 노동자보다 더 많은 일을 하기 때문에 2구르를 더 받을 수 있게 했지요. 농사는 보통 1년 단위로 이루어지기 때문에 임금도 1년 단위로 받았습니다. 그리고 임금은 돈이 아니라 곡물로 받도록 했어요. 즉 자신이 직접 수확한 곡물을 임금으로 받았지요. 앞에서 이자를 설명할 때 이미 말한 바와 같이, 당시 곡물은 매우 귀한 것이었습니다. 그래서 곡물로 받는 것이 농업 노동자들에게 이익이었답니다.

판사　한 가지 궁금한 것이 있는데요, 농업 노동자가 함무라비 법전에서 정한 임금보다 더 받을 수는 없었나요?

함무라비　아주 좋은 질문을 하셨습니다. 함무라비 법전에서 정한 임금은 가장 적게 줄 수 있는 돈을 정한 최저 임금입니다. 그러니까 지주는 열심히 일한 농업 노동자에게 더 많은 임금을 줄 수도 있었지요. 사실 열심히 일하여 법전에서 정한 것보다 더 많은 임금을 받는 농업 노동자들이 적지 않았어요. 그렇지만 어떤 경우에도 법전에서 정한 임금보다 적게 주는 것은 허용되지 않았습니다. 그렇게 되면 농업 노동자들이 제대로 생활해 나갈 수 없게 되니까요.

판사　그것은 대한민국을 비롯한 많은 나라에서 현재 시행하고 있는 최저 임금제와 비슷하군요.

신안목 변호사　그렇습니다, 판사님. 대한민국에서도 임금의 최저 수준을 보장하여 근로자의 생활을 안정시키고 노동력의 질적 향상

구르
부피의 단위예요. 1구르는 약 100리터에 해당하지요.

을 꾀하기 위해 최저 임금법을 제정했지요. 이 법에 따르면 근로자에게 최저 임금보다 낮은 임금을 지급할 수 없으며, 이것을 위반한 사람은 3년 이하의 징역이나 2000만 원 이하의 벌금형을 받게 됩니다. 함무라비 법전에 규정된 임금에 관한 조항이 최저 임금법의 원조인 셈이지요.

판사　놀라운 일이군요. 대한민국에서 최저 임금법이 제정된 것은 1986년의 일이 아닙니까? 그런데 무려 3700년 전에 제정된 함무라비 법전에 최저 임금에 관한 규정이 있다니 정말 놀랍습니다. 피고 측 변호인, 노동자의 임금과 관련해 더 질문할 것이 있습니까?

고수해 변호사　별로 내키지는 않지만, 함무라비 법전에 좋은 내용을 가진 규정이 많다는 것을 인정하지 않을 수 없네요. 더 이상 질문할 사항이 없습니다.

판사　피고 측에서 더 이상 질문이 없다니까, 이제 지금까지 이야기한 내용을 정리해 봅시다. 지금까지 우리가 생각해 왔던 것과는 달리 함무라비 법전은 훌륭한 내용을 담고 있는 법전이라는 것을 알 수 있었습니다. 이자율을 제한한 것도 그렇고, 고아나 과부를 보호하기 위한 규정도 그렇습니다. 무엇보다도 강도 피해자에게 국가가 손해를 배상하도록 한 것과 노동자들에게 최저 임금을 보장해 준 것은 참으로 시대를 앞서 간 규정이라고 할 수 있겠습니다.

그럼 여기서 마치고, 잠시 후에 최후 진술을 듣도록 하겠습니다.

세계 4대 문명은 무엇일까?

메소포타미아 문명은 기원전 3500년경에 인류 최초로 발생한 문명입니다. 메소포타미아 지방에 여러 도시 국가를 건설한 이들은 바로 '수메르 인'이었답니다. 수메르 인들은 각 도시마다 '지구라트'라는 신전을 지어 자신들의 수호신을 섬겼지요. 수메르 인이 세운 도시 국가의 하나인 '우르'의 지구라트가 현재까지 가장 잘 보존되어 있는 지구라트입니다.

메소포타미아는 '두 강 사이의 땅'이라는 의미로, 여기서 두 강은 바로 티그리스 강과 유프라테스 강입니다. 현재 이라크 일대에 속하는 이곳에서 일어난 문명은 이집트 문명과 더불어 오리엔트 문명을 대표합니다.

이집트 문명은 기원전 3000년경에 통일 왕국이 성립되면서 시작되었습니다. 이 문명이 일어난 지역은 사방이 사막과 바다로 막혀 있어서, 후기 왕조 시대 (기원전 6세기 후반)에 페르시아에 정복되기 전까지 오랫동안 유지되었습니다. 파라오라 불리는 이집트의 왕은 정치, 경제, 종교에 걸쳐 절대 권력을 행사하였으며, 이집트 인들로부터 살아 있는 신으로 숭배되었지요. 이 파라오의 무덤이 바로 피라미드랍니다.

중국에서는 기원전 2500년경부터 황하 중·하류를 중심으로 초기 국가의 모습이 나타났습니다. 이곳 사람들은 청동기를 사용하였으며, 나라의 경계에 성

벽을 쌓고 정치 조직을 갖추었습니다. 이 **황허 문명**을 연 주인공을 하 왕조로 추측하고 있지요. 여러 역사책에서는 하 왕조가 470여 년간 지속되었다고 하는데, 하 왕조가 실제로 존재했는지를 밝혀 주는 결정적인 증거는 아직 발견하지 못했답니다.

인더스 문명은 기원전 2500년경에 인더스 강가의 비옥한 평야 지대를 기반으로 발생하였습니다. 인더스 문명은 하라파, 모헨조다로 등의 도시 유적을 통해 확인할 수 있는데요, 특히 모헨조다로 유적에서는 대형 공중목욕탕이 발견되었습니다. 흙벽돌로 쌓은 성곽 내부에는 구획이 나누어져서 도로와 하수도, 집과 시장 등도 있었음을 추측할 수 있습니다. 또, 인더스 강가의 도시에는 왕궁과 신전 터가 남아 있는데, 이것은 신권 정치가 행해졌음을 짐작하게 합니다.

다알지 기자

　　재판 마지막 날인 오늘은 '눈에는 눈, 이에
는 이'라는 문구로 함무라비 법전을 유명하게
만든 동해 보복의 법칙, 탈리오 법칙이 과연 야만적
인 것인가에 대한 논쟁이 벌어졌습니다. 피고 무르실리스 측은 살인이
나 상해 등의 범죄에 돈으로 배상하게 한 히타이트 법전에 비해 탈리
오 법칙을 엄격하게 적용한 함무라비 법전이 야만적이고 잔인하다고
지적했습니다. 이에 원고 함무라비 측은 탈리오 법칙이 보복의 대상과
범위를 제한하고 피해자가 받은 만큼의 고통을 돌려주기 위한 합리적
인 형벌의 원칙이라고 반박했습니다. 또한 이자율 제한 규정이나 재혼
권에 관한 규정, 범죄 피해자에 대한 국가의 배상 규정 등 여러 조항을
소개하여 함무라비 법전이 얼마나 진보적인 법전인지를 밝혔습니다.
앗, 저기 신안목 변호사와 고수해 변호사가 있군요. 오늘 재판에 대한
소감을 들어 보도록 하겠습니다.

신안목 변호사

　　함무라비 법전의 내용이 야만적이고 잔인하다고 생각하셨던 분들은 이번 재판을 통해 약자를 배려하고자 한 함무라비 왕의 진심을 아셨겠지요? 역사 교과서에는 함무라비 법전이 3700여 년이 지난 현재까지 서아시아 지역의 법에 영향을 미치고 있다고 되어 있습니다. 하지만 함무라비 법전은 서아시아 지역뿐 아니라 전 인류에 법의 정신을 전한 위대한 유산입니다. 범죄 피해를 배상해 주는 조항이나 최저 임금을 정한 조항 등은 시대를 앞서 간 함무라비의 지혜를 제대로 보여 주는 예이지요.

왜 함무라비 법전을 만들었을까?

고수해 변호사

　히타이트 법전은 함무라비 법전에 비해 후세
사람들에게 주목받지 못하고 있습니다. 오늘 히타이트
법전의 홀륭함을 강조했어야 했는데 그 점이 부족해 몹시 아쉽습니다.
그렇다 보니 오늘 심리는 원고 함무라비에게 유리하게 진행되었다는
느낌을 지울 수가 없습니다.

문명을 꽃피운 고대 문자

사람들이 모여 생활하게 되면서 의사소통을 하고 기록을 남기는 게 자연스러운 일이 되었어요. 말을 기록하는 문자가 생겨나게 되었고 이 문자는 다시 문명을 더욱 싹 틔우는 촉매제가 되기도 했답니다. 메소포타미아 문명의 설형 문자, 황허 문명의 갑골 문자, 이집트 문명의 상형 문자 역시 문명을 더욱 발전시켜 주는 원동력이 되었지요.

설형 문자

기원전 3000년경부터 약 3000년간 메소포타미아를 중심으로 넓게 사용된 문자로 '쐐기 문자'라고도 불려요. '쐐기'란 끝이 뾰족한 나뭇조각을 가리키는데 문자의 선이 쐐기 모양으로 생겼다고 해서 붙여진 이름이지요. 진흙을 뭉쳐 판을 만들고 그 위에 갈대 줄기로 글씨를 써서 햇볕에 말리는 방식으로 글을 남겼답니다. 이 문자를 처음 발명한 것은 수메르인으로, 함무라비 법전 역시 설형 문자로 기록되어 있지요.

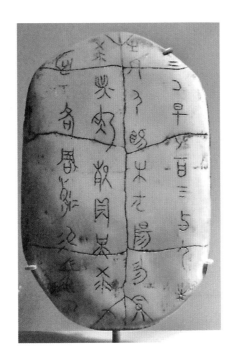

갑골 문자

황허 문명이 발달했던 중국에서 사용한 문자는 갑골 문자였어요. 중국 상나라 때 점을 치는 일에 사용되었던 거북의 껍질이나 짐승의 어깨뼈에서 발견된 고대 문자가 바로 이 갑골 문자이지요. 연구에 따르면 갑골 문자는 약 250년 동안 고대 중국에서 사용된 것으로 전해진답니다. '귀갑 문자, 귀판문, 갑골복사' 등으로 불리는 이 문자는 현재 사용되고 있는 한자의 가장 오래된 형태이기도 하지요.

상형 문자

사물의 모양을 본떠서 나타낸 문자를 상형 문자라고 하는데 초기의 한자와 고대 이집트 문자가 여기에 해당되지요. 이 중 이집트 문명을 발전시킨 고대 이집트 인은 지금으로부터 약 5000년 전에 별도의 상형 문자를 쓰기 시작했어요. 고대 이집트 어를 기록하기 위해 사용된 이 글자는 '히에로글리프'라고 불렸답니다. 자연 현상이나 동식물, 인간 등의 모양을 상형 문자로 기록한 것이 파피루스나 미라를 싸는 천 등에 남아 있지요.

법은 그 시대의 정의를 실현하기 위한 것입니다
vs
죄는 미워도 인간을 미워해서는 안 됩니다

판사   지금까지 함무라비 법전이 과연 인류 최초의 법전인지, 함무라비 법전을 만든 까닭은 무엇인지, '눈에는 눈, 이에는 이'라는 말이 왜 생겨나게 되었는지, 그리고 함무라비 법전이 어떤 내용을 담고 있는지를 살펴보았습니다. 이제 원고와 피고의 최후 진술을 들은 뒤 지금까지 심리한 내용을 토대로 판결을 내리도록 하겠습니다. 그럼 원고부터 진술해 주시기 바랍니다.

함무라비   내가 함무라비 법전을 제정한 지 약 3600년이나 지난 20세기 초에 후세 사람들이 함무라비 법전을 발견했습니다. 다시 1세기가 지난 오늘 이렇게 세계사법정에서 함무라비 법전에 관한 진실을 밝히려고 재판을 진행하고 있다는 것이 참으로 감개무량합니다. 오래전에 잃었던 아이를 되찾은 느낌이라고나 할까요?

이 재판을 통해 함무라비 법전에 관한 진실을 제대로 알릴 수 있게 되어 말할 수 없이 기쁩니다. 지금까지 재판 과정에서 많은 내용을 이야기했기 때문에 중복되지 않는 범위에서 몇 가지 사항을 간략히 말씀드리도록 하겠습니다.

다들 알고 계시겠지만, 법은 시대의 산물입니다. 각각의 시대는 그 시대에 맞는 법을 갖게 마련이지요. 그리고 시대가 변하면 법도 변하는 것이고요. 여러분이 함무라비 법전을 볼 때 그것이 지금으로부터 3700년 전에 제정된 법이라는 것을 잊지 말아 주시기 바랍니다. 지금의 관점에서 보면 함무라비 법전에 이해하기 어렵고 받아들이기 어려운 내용이 많을지도 모릅니다. 다시 말해 함무라비 법전은 3700여 년 전 고대 사회에서 만들어진 법이기에 여러 측면에서 시대적 한계를 가질 수밖에 없는 것이 사실입니다.

하지만 그럼에도 함무라비 법전을 제정한 나는 자부합니다. 함무라비 법전에는 인류의 지혜가 고스란히 담겨 있다고……. 법은 정의를 추구한다고 하지 않습니까? 나는 정의가 무엇인지 고민한 끝에 '눈에는 눈, 이에는 이'라는 탈리오 법칙이 정의의 참모습이며 약자를 보호하는 것이 법의 사명임을 깨닫고, 그러한 내용을 함무라비 법전에 규정하였습니다. 그러한 내용들 가운데 일부는 지금의 관점에서 보더라도 뒤떨어지지 않는 훌륭한 것이라고 생각합니다.

나는 함무라비 법전을 시대를 넘어 인류가 계승하고 발전시켜야 할 소중한 문화유산이라고 생각합니다. 앞으로 함무라비 법전의 훌륭한 내용들을 더욱 발전시키기 위한 노력이 기울여지기를 바랍니

다. 미래를 열어 가는 열쇠는 역사에 있기 때문입니다.

우리의 법을 발전시킬 수 있는 실마리가 함무라비 법전에 있을지도 모릅니다. 함무라비 법전에 대해 더 많은 관심을 가져야 할 이유도 바로 여기에 있다고 생각합니다. 함무라비 법전에 관한 진실을 밝힐 수 있는 기회를 주신 세계사법정에 다시 한 번 감사드리며, 이만 진술을 마치겠습니다.

판사   이어서 피고의 최후 진술을 듣겠습니다.

무르실리스   이 재판을 통해 무엇보다 나 자신이 잘 모르고 있었던 함무라비 법전에 대해 잘 알게 된 것을 기쁘게 생각합니다. 함무라비 법전에 규정된 '눈에는 눈, 이에는 이'라는 탈리오 법칙은 자신의 행동에 따른 결과에 책임져야 한다는 정의의 관념에서 나온 것임을 알게 되었습니다.

하지만 히타이트 법전을 만든 나는 지금도 함무라비 법전이 '눈이나 이' 등의 상해에 대해 탈리오 법칙을 적용한 것은 여전히 야만적이라 생각합니다. 앞서 말씀드린 바와 같이 히타이트 법전은 살인죄를 범한 사람도 사형에 처하지 않고, 죽은 사람을 묻어 준 후에 손해배상을 하도록 했습니다. 그리고 눈이나 이에 상해를 입힌 사람은 돈으로 배상하도록 했고요. 형벌이라는 것이 가해자가 피해자에게 입힌 신체적 고통을 굳이 똑같은 고통으로 되받게 하는 것만은 아닙니다. 만약 그렇다면 이성이 있는 인간이 다른 동물과 다른 점이 무엇이겠습니까? 인간이라면 인도주의적 관점에서 다른 사람을 포용할 수도 있어야 하지 않을까요? 그 사람이 비록 범죄자라고 할지라도 말입니다. "죄는 미워해도 사람은 미워하지 마라"라는 말이 있지요.

원고는 법이 시대의 산물이기 때문에 후대의 관점으로만 함무라비 법전을 평가하지 말라고 하였습니다. 그러나 후대의 관점에서 앞선 시대의 역사를 비판하지 않으면 과연 역사가 제대로 발전할 수 있겠습니까? 함무라비 법전이 아무리 고대의 법이라 해도 지금의 관점에서 비판할 내용이 있으면 비판해야지요. 그런 관점에서 '눈에는 눈, 이에는 이'라는 탈리오 법칙이 비인도적이고 야만적이라는 비판은 지극히 당연하다고 생각합니다.

물론 함무라비 법전에 아주 훌륭한 규정들도 있다는 것을 인정합니다. 특히 사회적 약자를 보호하기 위해 많은 규정을 둔 것을 알고 감탄하지 않을 수 없었습니다. 무엇보다 내가 히타이트 법전을 만들 때 함무라비 법전의 일부를 참고한 것도 함무라비 법전이 그런 훌륭한 내용을 가졌기 때문이겠지요. 그렇지만 훌륭한 내용이 일부 있다고 해서 탈리오 법칙의 야만성을 부정할 수는 없다고 생각합니다. 이 점을 고려하여 공정한 판단을 내려 주시기 바랍니다.

판사 　지금까지 원고와 피고 그리고 관련자들의 진술을 잘 들어보았습니다. 배심원 여러분은 이를 참고해 각자의 견해를 모아 의견서로 제출해 주십시오. 배심원 의견서가 제게 도착한 뒤 그것을 참고하여 4주 후에 최종 판결을 내리겠습니다.

땅, 땅, 땅!

역사공화국 세계사법정 재판 번호 02 함무라비 VS 무르실리스

주문

함무라비 법전은 인류 최초의 법이 아니라고 하는 피고의 주장을 인정한다. 한편 함무라비 법전을 제정한 목적은 정의를 실현하고 약자를 보호하는 것이며, '눈에는 눈, 이에는 이'라는 탈리오 법칙은 정의를 실현하기 위한 것이라는 원고의 주장에는 정당성이 있다. 또한 함무라비 법전에 진보적인 내용의 규정들이 많다는 점 등에 근거해 함무라비 법전이 야만적인 법전이 아니며 올바르게 평가되어야 한다는 원고의 주장을 인정한다.

판결 이유

먼저 지금까지 발굴된 자료들을 종합하면 함무라비 법전 이전에도 '우르 남무 법전' 등 여러 법전이 제정된 사실이 있다. 따라서 함무라비 법전을 인류 최초의 법전이라고 할 수는 없다. 다만 함무라비 법전은 인류 초기 법전들 가운데 유일하게 전체 내용이 밝혀진 법전이다. 매우 방대하고 체계적이라는 점 또한 인정된다. 이런 의미에서 함무라비 법전을 인류 최초의 가장 완전한 법전이라고 할 수 있다.

둘째, 함무라비 법전의 제정 목적에 관해서는 함무라비 법전의 전문과 후문에 잘 나타나 있듯이 정의를 실현하고 사회적 약자를 보호하기 위해 제정된 법전임을 인정한다.

셋째, '눈에는 눈, 이에는 이'라는 탈리오 법칙은 '각자에게 그의 몫을 주라'는 정의의 관념에서 나온 것이라는 점, 범죄와 형벌 사이에 균형을 확보하기 위한 방법이라는 점 등을 고려할 때 나름의 정당성을 갖는다. 하지만 가해자에게 지나치게 잔인한 방법으로 형벌을 부과한다는 점에서 비인도적인 면이 있음을 부인할 수 없다.

넷째, 함무라비 법전에 나타난 약자 보호와 관련된 규정들을 종합해 보면, 함무라비 법전은 지금의 관점에서 보더라도 상당히 진보적인 내용을 가진 훌륭한 법전이라는 것을 인정할 수 있다.

종합해 볼 때 함무라비 법전은 비록 시대적 한계로 인해 일부 비인도적인 규정도 있지만 전반적으로 진보적인 내용을 담았다고 말할 수 있다. 이러한 의미에서 함무라비 법전은 인류의 훌륭한 문화유산이며, 이에 우리는 함무라비 법전을 올바로 이해하고 많은 사람에게 제대로 알리기 위해 노력을 기울여야 할 것이다.

역사공화국 세계사법정 담당 판사 정역사

"로마 12표법의 명예도
되찾아 주십시오"

노을빛이 유난히 고운 초저녁. 재판에서 이기고 수임료도 두둑하게 챙긴 신안목 변호사가 소파에 깊숙이 몸을 묻고 나른한 휴식을 취하고 있다.

'역시 나는 탁월한 능력을 가진 변호사야. 이길 가능성이 거의 없는 사건이었는데 보기 좋게 이겼잖아? 이렇게 승소율을 높이다 보면 누가 알겠어, 내가 대법관이 될지. 암, 되고말고! 나같이 능력 있는 변호사가 아니면 대체 누가 대법관이 되겠어?'

신안목 변호사는 대법관이 된 자신의 모습을 상상하며 흐뭇하게 미소지었다. 그때 전화벨이 울렸다.

'따리리리~.'

"네, 신안목 변호사 사무실입니다."

"신 변호사님, 절 아시겠어요? 지난번에 법정에 나가 증언했던 로마의 집정관 발레리우스입니다."

"아, 발레리우스 집정관님, 아니, 무슨 일로 전화를 다 주셨습니까? 혹시 그때 제가 너무 몰아붙여서 기분이 상하신 건가요?"

"조금 불쾌하긴 했지만 위대한 로마 제국의 집정관이 그런 사소한 일에 얽매일 수는 없지요. 제가 전화한 이유는 신 변호사에게 소송을 의뢰하기 위해서입니다. 법정에서 변론하는 걸 보고 감탄했거든요. 신 변호사라면 소송을 제대로 해낼 수 있을 것 같아서 이렇게 전화했소이다."

"하하. 역시 로마 제국의 집정관답게 사람을 제대로 보시는군요. 그런데 무슨 사건으로 소송을 하시려고요?"

"이번 재판을 통해 함무라비 법전은 올바른 역사적 평가를 받게 되었는데, 내가 주도해서 만든 12표법은 함무라비 법전보다 훨씬 야만적인 법으로 낙인찍히지 않았습니까? 지금까지는 12표법이 로마 최초의 성문법이라고 해서 사람들로부터 긍정적인 평가를 받았는데, 앞으로 사람들이 12표법을 야만적인 법전이라고 비난할까 봐 걱정이 되는군요. 그래서 12표법의 명예를 되찾기 위한 소송을 부탁드리려고요."

발레리우스가 소송을 하려는 이유를 듣고 신안목 변호사는 잠시 생각에 빠졌다.

'이번 재판에서 12표법과 비교해 함무라비 법전의 진보성을 부각시켰는데, 다시 12표법의 정당성을 변호한다? 이건 아무리 봐도 자

기모순이야. 역사의 진실을 밝히겠다는 이 신안목이 그런 터무니없는 일을 해서야 되겠어? 아무래도 이 사건은 맡지 않는 게 좋을 것 같군.'

"여보세요, 집정관님!"

"네. 어떻게 하시겠습니까?"

"집정관님의 뜻은 잘 알았습니다만, 함무라비 법전을 변호한 사람으로서 다시 12표법의 정당성을 변호하는 일은 아무래도 자기모

왜 함무라비 법전을 만들었을까?

순인 것 같습니다. 죄송합니다만, 집정관님의 의뢰를 받아들이기 어렵네요."

"하긴 그렇군요. 뭐, 아쉽지만 어쩔 수 없지요. 신 변호사 같은 유능한 변호사가 사건을 맡지 않겠다니, 아무래도 소송은 다음으로 미뤄야겠군요."

수화기를 내려놓은 신안목 변호사는 소파에 기대 앉아 어느새 깜깜해진 창 밖을 바라봤다.

메소포타미아 문명의 현재, 이라크

메소포타미아라고 하면 현재는 이라크를 중심으로 시리아 북동부와 이란의 남서부가 포함됩니다. 이라크에 가면 아주 오래전에 시작되었던 인류 4대 문명 중 하나인 메소포타미아 문명의 발자취를 느껴 볼 수 있지 않을까요?

서남아시아의 아라비아 반도와 소아시아의 접경에 위치하고 있는 국가인 이라크의 수도는 바그다드랍니다. 대부분의 사람들이 이슬람교를 믿고 있으며 아랍 어를 사용하지요. 수도인 바그다드 부근을 경계로 하여 북부는 아시리아, 남부는 바빌로니아로 나누어지기도 합니다.

인류의 가장 오래된 문명인 메소포타미아 문명은 티그리스 강과 유프라테스 강 유역에서 이루어졌어요. 수메르, 바빌로니아, 아시리아 등의 여러 고대 국가들이 이 지역에서 일어났다가 멸망하였지요.

수도인 바그다드는 이라크에서 가장 번화한 곳으로 북부에는 옛 왕궁과 이라크 박물관, 바그다드 대학 등이 있어요. 바그다드에서 남쪽으로 180킬로미터 떨어진 나자프는 '사자(死者)의 도시'로 불리는데, 시내 한가운데 이맘 알리 사원이 자리 잡고 있고 북쪽에는 큰 규모의 공동묘지가 있기 때문이지요. '이맘 알리 사원'은 이라크 사람들에게 아주 중요한 성지랍니다.

그리고 이라크 북부에는 티그리스 강을 끼고 '모술'이라는 도시가 있어요. 이라크 제2의 도시이며 북부 이라크 경제의 중심지이기도 하지요. 티그리스 강 서쪽에 위치하며, 근처에 고대 아시리아 왕국의 수도인 니네베의 유적이 있답니다.

찾아가기 아라비아 반도 북동부

이라크의 이슬람 시아파 최대 성지인 나자프 이맘 알리 사원

이라크 북부에 있는 모술

『역사공화국 세계사법정 02 왜 함무라비 법전을 만들었을까?』와 관련한 논술 문제를 풀어 봅시다.

※ 다음 제시문을 읽고 물음에 답하시오.

(가) 제8조. 어떤 사람이 다른 사람의 가축이나 선박을 훔친 경우, 절도범은 피해자에게 훔친 물건의 10배를 배상하여야 한다. 만일 절도범이 10배를 배상할 수 없을 때는 절도범을 사형에 처한다.

함무라비 법전

(나) 제8표. 낮에 다른 사람의 물건을 훔치다가 현장에서 붙잡힌 경우, 절도범을 채찍으로 때린 다음 노예로 삼는다. 절도범이 현장에서 붙잡히지 않은 경우, 절도범은 피해자에게 훔친 물건의 2배를 배상하여야 한다.

(다) 제329조. 다른 사람의 재물을 훔친 사람은 6년 이하의 징역이나 1천만 원 이하의 벌금에 처한다.

1. (가)~(다)는 다른 사람의 물건을 훔치는 절도죄에 관한 함무라비 법전, 12표법, 그리고 우리나라 형법의 규정들입니다. 이 규정들의 공통점과 차이점을 쓰고, 절도를 예방하는 데 어느 규정이 더 적합한지를 그 이유와 함께 쓰시오.

※ 다음 제시문을 읽고 물음에 답하시오.

(가) "함무라비 법전은 야만적이야. '눈에는 눈, 이에는 이'라는 문구 하나만으로도 이미 그 성격을 알 수 있지 않아? 법이란 공정한

것도 중요하지만 우선은 합리적이어야 한다고 생각해. 그런데 이처럼 잔인해서야 법이라고 할 수 있겠어?"

(나) "법전의 내용 중 일부를 살펴보면 그렇게 느낄 수도 있겠지만, 이 법전을 제대로 평가하려면 그것을 편찬한 이유를 알아야 한다고 생각해. 함무라비 법전은 '강한 사람이 약한 사람을 학대하지 못하도록 하고, 특히 가족이 없는 아이와 과부에게 정의를 가져다주기 위해' 편찬되었다고 했거든."

2. (가)와 (나)의 대화를 읽고 함무라비 법전을 평가하는 자신의 견해를 정리하여 쓰시오.

왜 함무라비 법전을 만들었을까?

해답 1 함무라비 법전과 12표법 그리고 우리나라 형법 모두 개인의 재산권을 인정하고, 개인의 재산을 훔치는 절도죄를 매우 중대한 범죄로 처벌하고 있다는 공통점을 가지고 있습니다. 중요한 차이점은 형벌의 종류가 다르다는 것입니다. 함무라비 법전은 피해자에게 배상을 하지 못할 경우에 범죄자를 사형에 처하며, 12표법은 범죄자를 노예로 만드는 형벌에 처하지요. 절도죄에 대해 매우 무거운 형벌을 가한다는 것을 알 수 있습니다. 하지만 우리나라 형법은 징역형이나 벌금형에 처하도록 하여 형벌의 정도가 상대적으로 약하다고 할 수 있지요. 여기서 우리는 시대에 따라 형벌의 종류나 정도가 달라진다는 것을 알 수 있습니다.

해답 2 현재의 시점에서 볼 때 함무라비 법전의 내용에 과격한 부분이 있는 것은 사실입니다. 하지만 이 법전이 기원전 1750년경에 만들어졌음을 고려할 때 이를 '야만적이다'라고 매도할 수는 없습니다. 왜냐하면 당시에는 힘세고 계급이 높은 사람이 항상 우위에 있었고, 반대로 힘이 약하고 계급이 낮은 사람은 부당한 일을 당해도 아무 소리도 할 수 없었기 때문입니다. 이러한 때에 함무라비 법전은 힘이 약한 사람들을 위한 방어막이 되어 주었습니다. 함무라비 법전으로 말미암아 사람들은 서로를 함부로 대할 수 없게 되었던 것이지요.

* 해답은 예시로 제시된 내용입니다.

김영진,『율법과 법전: 율법과 고대 근동의 법 연구』(한들출판사, 2005)

이정모,『달력과 권력』(부키, 2001)

이종근,『메소포타미아 법사상』개정판(삼육대학교출판부, 2008)

이희철,『히타이트: 점토판 속으로 사라졌던 인류의 역사』(리수, 2004)

조철수,『메소포타미아와 히브리 신화』(길, 2000)

조철수,『수메르 신화: 인류의 역사 시대를 시작한 고대 메소포타미아 사람들의 이야기』(서해문집, 2003)

한상수,『함무라비 법전: 인류 법문화의 원형』(인제대학교출판부, 2008)

한상수,「12표법에 관한 연구」『인제논총』(인제대학교 제12권 제1호, 1996)

새뮤얼 노아 크레이머,『메소포타미아』개정1판(한국일보 타임라이프, 1993)

새뮤얼 노아 크레이머, 박성식 옮김,『역사는 수메르에서 시작되었다: 인류 역사상 '최초' 39가지』(가람기획, 2000)

수잔 와이즈 바우어, 이광열 옮김,『세상의 모든 역사: 고대편 1』(이론과실천, 2007)

앙드레 뷔르기에르, 정철웅 옮김,『가족의 역사 1』(이학사, 2001)

앤드류 로빈슨, 박재욱 옮김,『문자 이야기: 고대부터 현대까지 명멸했던 문자들의 수수께끼』(사계절, 2003)

엘버틴 가우어, 강동일 옮김,『문자의 역사』(새날, 1995)

윌리엄 브로드, 김혜원 옮김,『신탁』(가인비엘, 2007)

장 보테로, 최경란 옮김,『메소포타미아: 사장된 설형문자의 비밀』(시공사, 1998)

제카리아 시친, 이근영 옮김,『수메르, 혹은 신들의 고향 1, 2』(이른아침, 2007)

캐서린 위트셔 외, 정은주 외 옮김,『대영박물관 유물로 보는 세계사 연표』(청아출판사, 2007)

캐서린 이글튼·조너선 윌리암스 외, 양영철·김수진 옮김,『Money: 화폐의 역사』(말글빛냄, 2008)

파울 프리샤우어, 이윤기 옮김,『세계풍속사 상: 패러다이스에서 중세까지』(까치, 1991)

헨리에타 맥컬, 임웅 옮김,『메소포타미아 신화』(범우사, 1999)

H. 프랑크포르트 외, 이성기 옮김,『고대 인간의 지적 모험』(대원사, 1996)

R. 드보, 이양구 옮김,『구약시대의 생활풍속』(대한기독교출판사, 1983)

찾아보기

역사공화국 세계사법정 02

왜 함무라비 법전을 만들었을까?

ⓒ 한상수, 2010

초   판 1쇄 발행일   2010년 8월 12일
개정판 1쇄 발행일   2014년 2월 3일
        4쇄 발행일   2019년 5월 24일

지은이   한상수
그린이   박종호
펴낸이   정은영

펴낸곳   (주)자음과모음
출판등록   2001년 11월 28일 제2001-000259호
주소   04047 서울시 마포구 양화로6길 49
전화   편집부 (02) 324-2347 경영지원부 (02) 325-6047
팩스   편집부 (02) 324-2348 경영지원부 (02) 2648-1311
이메일   jamoteen@jamobook.com

ISBN 978-89-544-2402-8 (44900)